주체란
무엇인가

주체란 무엇인가

초판 1쇄 발행 _ 2009년 11월 10일
초판 2쇄 발행 _ 2009년 11월 30일

지은이 _ 이정우

펴낸이 _ 유재건 | 주간 _ 김현경
편집팀 _ 박순기, 박재은, 주승일, 박태하, 강혜진, 김혜미, 임유진, 박광수
디자인팀 _ 이해림, 신성남 | 마케팅팀 _ 이경훈, 정승연, 서현아, 황주희
영업관리팀 _ 노수준, 이상원, 양수연

펴낸곳 _ (주)그린비출판사 | 등록번호 _ 제313-1990-32호
주소 _ 서울시 마포구 동교동 201-18 달리빌딩 2층 | 전화 _ 702-2717 | 팩스 _ 703-0272

ISBN 978-89-7682-336-6 04100 978-89-7682-331-1(세트)
이 도서의 국립중앙도서관 출판시도서목록(e-CIP)은 e-CIP 홈페이지(http://www.nl.go.kr/
ecip)에서 이용하실 수 있습니다.(CIP제어번호 : CIP2009003320)

그린비출판사 나를 바꾸는 책, 세상을 바꾸는 책
홈페이지 _ www.greenbee.co.kr | 전자우편 _ editor@greenbee.co.kr

개념어총서
—
005
—
주체
(무위인無位人)

지은이
이정우

위인 범주적 주체 개체성 이름 — 자리 선험적 지평
변이 경험 술어적 주체 타자 객체성 정체성 차이를 겪
기억 사건 시간의 종합 진리 인식론적 역운 생명 베르그송 시
들뢰즈 니시다 기타로 타자 — 되기 주체화 거대주체 강도 주
객체화 동일성 상생적 되기 리스토텔레스 언표행위 명사 우발
실재적인 자기 — 만들기 무위인 적 주체 개체성
름 — 자리 선험적 지평 언표 변이 험 술어적
체 타자 객체성 정체성 차이를 겪는 것 기억 사건 간의 종합 진리
식론적 역운 생명 베르그송 시간 들뢰즈 니시다 기타로 타자 —
기 주체화 거대주체 강도 주체화&객체화 동일성 상생적 되기
스토텔레스 언표행위 고유명사 우발성 패러독스 실재적인 자기 — 만
무위인 범주적 주체 개체성 이름 — 자리 선험적
명 나 언표 변이 경험 술어적 주체 타자 객체성 정체성
을 겪는 것 기억 사건 시간의 종합 진리 인식론적 역운 생명 베르그
간 들뢰즈 니시다 기타로 타자 — 되기 주체화 거대주체
주체화&객체화 동일성 상생적 되기 아리스토텔레스 언표행위 고유
우발성 패러독스 실재적인 자기 — 만들기 무위인 범주적 주체

WHAT

B
그린비

• 머리말

역사에 있어 근대성의 도래는 사유하는 사람들에게 주체의 문제를 부과했다. 그리고 그로부터 적지 않은 세월이 흐른 오늘날에도 주체의 문제는 여전히 현대 사상의 중심부에 놓여 있다. 그만큼 주체의 문제가 간단치 않기 때문이며, 또 세계가 생성하는 한 주체의 문제 역시 생성하기 때문일 것이다. 근대가 도래한 이후의 숱한 사상가들이 주체라는 화두를 붙들고서 씨름해 온 것이다. 아마도 인간이란 사유를 포기하지 않는 한에서는 자신에 대해, 즉 주체인 존재에 대해 끝없이 사유해야 할 운명을 타고난 존재인가 보다.

나 역시 사유를 처음 시작했을 때부터 줄곧 주체의 물음으로부터 떠난 적이 없었던 것 같다. 여기에는 내가 소은素隱 박홍규 선생님께 철학을 배우면서 처음부터 "결정론과 자유"라는 문제를 만나게 된 상황도 작용했을 것이다.

그러나 내게는 주체와 자유를 역설하는 사유들보다는 오히려 결정론적인 사유들이 매력적이었다. 왜였을까? 그것은 주체와 자유는 결정론의 끝에서만 설득력을 가질 수 있다고 믿었기 때문이다. 주체와 자유를 처음부터 강조하는 것은 해결해야 할 문제를 애초에 해결된 것으로 제시하는 것에 불과하다는 생각이 들었기 때문이다. 이 때문에 내게는 주체성의 철학들보다는 오히려 객관적 장場을 강조하는 철학들이 더 가까이 다가왔다. 첫 저작에서 '담론의 공간'을 탐구한 것도 이 때문이다.

지금도 이런 생각에는 변함이 없다. 그러나 내가 결국 지향하는 것은 주체와 자유의 철학이며, 그 때문에 『담론의 공간』을 쓴 직후 이미 내가 '객관적 선험'objective transcendental의 장이라고 부른 장에서 과연 어떤 주체가 가능할까를 고민하기 시작했다. 그리고 그 결과로서 '가로지르는 주체'를, 그후에는 '무위인'無位人을 개념화했다. 그러나 이 탐구는 아직도 끝나지 않았고 또 사유를 삶의 생성과 함께 하는 한 끝날 수도 없는 탐구일 것이다. 본 저작은 이런 탐구의 중간 결산이라고 할 수 있을 것 같다.

'무위인' 개념은 이전 저작들에서 여러 번 사용했지만 구체화할 기회가 없었다. 이 작은 책은 이 개념을 정교화하기 위해 작성되었다. 내게 진정한 의미에서의 주체란 곧 무위인이고, 때문에 여기에서 무위인에 관한 논의를 통해 나의 주체론을 명확히 하고자 시도했다.

우리의 주제는 우선 '이름-자리', 정확히 말하면 '이름-자리로부터의 탈주'이다. 물론 이때의 탈주는 벗어남이 아니기 때문에 "로부터"라는 표현은 잘못된 것이라고도 할 수 있을 것이다. 모든 탈주는 내재적 탈주이고 벗어남이 아니라 바꾸어-나감이다. 이름-자리의 체계와의 투쟁이 우리를 일정한 주체로 만들어주고 또 우리 삶에 의미를 부여해 주기 때문이다. 탈주란 벗어남이 아니라 오히려 부딪침, 끊음, 이음, 가로지름, 가름, 모음……의 운동이기 때문이다. 그것은 윤리적이고 정치적인 행위이다. 그러나 이런 윤리와 정치의 논리를 다듬기 위해서는 우선 이름-자리라는 개념 자체를 명확히 해야 한다. 그때 무위인으로서의 주체 개념도 명확해질 것이다.

2009년 가을

逍雲

C

목차

—

주체

NT

1.

술어적 주체를 넘어

주체와 술어 —014

집합적 주체들 —024

주체성의 선험적 지평으로서의 시간 —030

2.

차생(差生)과 정체성

자기차이성 —037

고유명사로서의 주체 —041

객체성과 주체성의 갈등과 화해 —046

3.

인식론적 역운(逆運)

진리가 오류로 둔갑할 때 —059

역운의 극한 —067

4.

타자-되기

주체화를 둘러싼 투쟁 —075

거대 주체를 무너뜨리기 —079

타자 없는 주체 —083

타자-되기 —086

5.

무위인(無位人)

'우리'들의 계열학 —91

상생적인 되기의 함정 : 남북한의 예 —95

진정한 우리-되기의 가능근거 : 무위인 —99

맺음말 —101

후주 및 관련 저작들 —103

술어적 주체를 넘어

주체와 술어
집합적 주체들
주체성의 선험적 지평으로서의 시간

• 술어적 주체를 넘어

주체에의 물음은 철학의 역사에서, 특히 근대 철학의 도래 이후 끈질기게 반복되어 온 물음이다. 반복되는 모든 것에는 그 반복을 가능케 하는 집요한 어떤 힘이 숨어 있다. 그렇다면 주체 물음의 반복에는 어떤 힘이 숨어 있을까?

주체 물음의 반복 아래에는 '나'라는 힘이 숨어 있다. 그것은 자의식을 갖춘 개체가 좋든 싫든 품을 수밖에 없는 힘이다. 이 힘이 주체 물음을 반복되도록 만든다. 그러나 이런 반복에는 아이러니가 숨어 있다. 물음의 반복에는 해解의 불완전성이 함축되어 있고, 자기 자신에 대해 물음을 던지게 하는 내적 힘은 그 물음의 반복을 통해 스스로의 동일성을 계속 흐트러뜨리게 되기 때문이다. 그럼에도 왜 주체는 스스로에의 물음을 멈추지 않는 것일까?

주체가 자기에의 물음을 반복하는 선험적 지평transcendental

horizon은 시간이다. 끈덕지게 되돌아오는 물음-힘은 시간을 그 가능조건으로 해서 반복된다. 시간은 '나'의 물음이 새롭게 되돌아올 수밖에 없도록 강요한다. 이 강요는 시간이 생성시키는 이런 타자성과 관련된다. 시간의 지평 위에서 주체는 타자들과의 마주침을 통해 생성해 가며, 그로써 자신의 동일성을 상실하게 된다. 이 상실로부터의 회복은 주체의 자기 변형을 요구하며, 이런 요구는 자기에의 물음을 반복케 하는 것이다. 이런 반복을 통해서만 주체는 해체되는 자신을 재구성해 나갈 수 있다. 해체는 부정적인 것이 아니다. 타자와의 마주침에 충실할 때 주체는 반드시 해체되어 갈 수밖에 없으며 열려 갈 수밖에 없기 때문이다. 주체성은 그런 해체 과정과의 투쟁을 통해 새로운 동일성을 만들어 가는 능력이며, 그래서 늘 차이생성differentiation과 동일성의 교차로/전장戰場에서 성립하는 존재이다.

고전적인 사상가들(예컨대 스피노자)이 대개 그렇게 생각했듯이, 타자들과의 마주침은 인식의 측면과 감정의 측면을 갖는다. 그래서 주체는 타자들과의 마주침을 통해서 인식적 변화와 감정적 변화를, 즉 '변양'變樣= modification과 '감응'感應= affection을 겪는다. 그리고 이 변양과 감응이 차이생성differentiation을 가져온다. 주체가 '나'를 만들어 나가기 위해서는 이 차이생성과 대결해 자신의 동일성(정적 동일성이 아니라 시간의 종합을 통한 동적 동일성)을 끝없이 다듬어야 한다. 변양과 감응을 통해서 계속 타자화되면서

도 동일성——시간 속에서 변해 가는 동일성 즉 정체성——을 지
속시켜 나감으로써 '나'라고 하는 주체성이 존립한다. 그렇다면
이 '나'는 구체적으로 어떤 존재인가?

주체와 술어

주체의 개념에서 시작해 보자. 주체란 구체적으로 어떤 존재인
가? 우선 생각할 수 있는 주체는 우리가 '술어적 주체'라고 부를
수 있을 주체이다. 술어적 주체란 주어로서의 주체로서, **자신에게
붙은 술어들을 통해서 성립하는 주체**이다. 아리스토텔레스의 논
리학/존재론을 염두에 둔다면, 이런 주체를 '범주적 주체'라고도
할 수 있을 것이다.[1] 이 '범주적 주체'에서 술어들은 주체를 규정
해 주는 것들로서, 문법적으로는 명사 및 형용사로 구성된다.

철수는 머리가 검다.

나타샤는 키가 180cm이다.

앙드레는 교사이다.

미치코는 히로마쓰의 딸이다.

(……)

이 술어들은 각각의 주어를 서술하며, 그 각각은 한 사람의
주체가 이 **규정성들을 통해 타자들에게 드러남**을 함축한다.

술어들의 응집성이 주어와 그 술어들의 연관성을 보여 준다. 철수는 "머리가 검다", "키가 작다", "노래를 잘 부른다"……고 할 때, 술어들의 응집성이 그것들과 철수라는 주체의 연관성을 확인해 준다. 이때 서술되는 주체는 이런 술어들/규정성들을 통해서 타자들에게 드러나지만, 다시 타자들의 인식을 내면화함으로써 스스로를 인식하게 된다. 이때 "사람들은……"이라는 언표들이 내면화됨으로써 "나는……"이라는 언표들이 성립한다. 전자에서 주체/'나'는 언표의 주체가 되고, 후자에서는 언표행위의 주체가 된다. 언표의 주체와 언표행위의 주체가 일치하지 않는 경우 "영희는 '철수[나]는 똑똑하다'고 말한다"와 같은 언표가 성립하며, 일치할 경우 "나는 '나는 똑똑하다'고 말한다"와 같은 언표가 성립한다. 전자와 후자는 매우 다르다. 즉 언표의 주체(나)와 언표행위의 주체(나, 영희)가 때로는 일치하고 때로는 일치하지 않는다.

내가 "나는……"이라고 언표할 때 즉 언표의 주체와 언표행위의 주체가 일치할 때 한 주체의 '자기의식'이 성립한다. 더 정확히 말해, 이런 자기의식 없이 주체는 주체일 수 없다. 이 경우 주체의 구체적인 주체-임은 "나는……"이라는 형식에 있어 술어에 들어가는 규정성들이라고 할 수 있다. 이런 맥락에서의 주체가 술어적 주체이다. 술어들이 주체를 주체**이게** 한다. 너의 술어들을 알려다오, 그러면 네가 누구인지 말해 주마!

주체로서 존재하는 것들은 우선 개체로서 존재해야 한다. 개체성이 없는 곳에 주체성이 존재할 수 없기 때문이다. '물의 요정'이나 '바람의 요정' 같은 신화적 개념들은 흥미롭다. 물이나 바람에는 개체성이 존재하지 않지만 그것들에 주체성을 부여함으로써 이미 함축적으로 개체성을 부여하고 있는 것이기 때문이다. 결국 어떤 행태로든 **개체성**individuality을 확보하지 못한다면 **주체성**subjectivity도 확보하지 못한다.

개체성의 좁은 의미와 넓은 의미를 구분할 필요가 있을 것이다. 상식적 의미에서의 개체들은 좁은 의미에서의 개체들이다. 생명체들은 좁은 의미에서의 개체성을 보여 주는 핵심적인 존재들이다. 이 사람, 저 개, 그 장미꽃 등등. 그러나 보다 넓은 의미의 개체성도 생각해 볼 필요가 있다. 일상적 개체들 이상의 개체성들(한 가족, 한 마을, 한 종 등등)도 있고, 또 이하의 개체성들(한 세포, 한 원자 등등)도 있다. 그럼에도 우리는 대개 주체성을 좁은 의미의 개체들에만 부여하며, 이것은 이 개체들이 보다 고유한 의미에서의 개체성을 형성하기 때문이다.

이보다 더 흥미로운 개체성들도 많다. 예컨대 태풍은 일정한 형태를 가지지 않는다. 더 결정적으로는 한 번 생겨났다가 사라진다. 그럼에도 그것은 개체성을 가진다. 그래서 사람들은 그것에 고유명을 붙여 준다. 하나의 고유명——예컨대 '사라'——은 그것에 일종의 의사-주체성을 부여해 주고, 그래서 사람들은 "태풍 '사라'가 제주도를 덮쳤다"고 말한다(이밖에도 태풍은 흥미로운 존재론적 물음들을 많이 던져 준다. 1년마다 찾아오는 매우 유사한 성격의 태풍, 그래서 사람들이 어떤 일정한 이름으로 부르는 태풍은 진짜 '그 태풍'이라고 할 수 있는가? 지구상의 공기가 결국 돌고 도는 '하나의' 공기라면 각 태풍들은 여럿인가 하나인가? 등등). 이밖에도 독특한 개체성을 구가하는 존재들은 매우 많다: 0°C, 정동진에서의 새해 일출, 아홉시 반의 당구, 그날 그 졸업식의 분위기, 혜경이 특유의 보조개⋯⋯, 이 모든 '것들'이 나름대로의 개체성을 담고 있다. 넓은 의미의 개체성은 **'것'의 존재론**을 함축한다.[2]

하나의 개체, 즉 어떤 방식으로든 어떤 '것'으로 존재하는 것이 자기의식을 가지게 될 때 주체성이 성립한다. '자기'의식이란 어떤 가름의 의식을 뜻한다. 즉 나와 나 아닌 것은 다르다는 것, 나와 나 아닌 것 사이에는 불연속이 존재한다는 것을 의식할 때 자기의식이 발생한다. 자기의식은 **자**自와 **타**他의 구분을 함축한다. 자기의식이라는 개념을 어떤 존재들에까지 적용해야 하는가는 답하기 쉽지 않은 물음이다. 즉 그것의 유와 무의 경계선을 어디에서 그어야 할지가 쉽지 않은 개념이다. 그러나 원칙적으로 좁은 의미에서의 개체들, 즉 생명체들은 모두 자기의식을 가진다고 할 수 있다. 식물들은 0으로 수렴하는 자기의식을 가진다고 할 수 있을 것이다.[3]

개체성을 가진 것들은 (그것들을 인식하는 주체에게) 보다 안정적인 규정성들/술어들을 가진 것으로서 **나타난다**. 형태라든가

색 등을 비롯해 비교적 안정적인 술어들을 갖추었을 때 개체성이 두드러진다(넓은 의미에서의 개체들도 규정성들을 가진다. 그래서 사람들은 "올해 첫날의 일출은 유난히 아름다웠다"고 말한다). 주체성을 가진 것들에는 좀더 다채롭고 심도 있는 술어들이 붙는다. 개체성 나아가 주체성이 도래하면서 세계의 서술에는 좀더 풍부한 술어들이 필요하게 된다(물론 이런 술어들은 세계에서 가장 풍부한 술어들을 보유한 존재, 즉 인간에 대해 상대적인 술어들이다).

스스로를 의식하는 개체 즉 주체는 자기와 타자를 가름으로써 주체가 된다. 일찍이 헤겔이 심오하게 분석해 주었듯이, **타자성**otherness 없이는 주체성도 없다. 나를 나'이다'라고 긍정하는 것은 반드시 내가 아닌 타자를 내가 '아닌' 존재로서 나로부터 구분해야만 가능하다. 그리고 이 '아님'을 매개해서 나-'임'으로 되돌아올 때에만 인간 고유의 자기의식이 가능하다. 이런 가름과 되돌아옴으로부터 자기의식이 탄생한다. 이 자기의식은 그 자기의식의 주체를 행복하게 만들어 주는 동시에 불행하게 만든다. 주체는 자기의식을 가짐으로써 고도의 역능力能을 갖추게 된다는 점에서 행복하며, 타자와의 불연속이라는 근원적인 소외감을 가지고 살아가야 한다는 점에서 불행하다. 자기의식을 갖춘 존재는 그 자기의식에 집착하면서도 동시에 그로 인한 불연속을 메우려고 한다는 점에서 모순된 존재 또는 이율배반적인 존재이다.

주체가 자기를 확인하는 기본적인 방식은 술어들을 통한 확인이다. 언표의 주체와 언표행위의 주체가 일치할 때 자기의식을 갖춘 주체의 자기 확인이 성립한다. '나'가 "나는 x이다"라고 말할 때, x에 들어가는 세목들, 그것들이 바로 자기의식을 갖춘 한 주체가 자기를 확인할 수 있게 되는 규정성들/술어들이다. 이 x 에는 일반명사만이 들어올 수 있다(서구어의 경우 "I am x"의 x는 형용사들을 포괄한다). 학생, 기독교인, 서울사람…… 등등, '나'는 이런 일반명사들에 의해 '~이다'로서 서술된다(술어적 주체로서의 나). 유일하게 예외적으로 x에 들어올 수 있는 고유명사, 그것이 나의 (좁은 의미에서의) 이름이다. '나'는 숱한 일반명사들로 규정되지만, 고유명사로서는 단 하나만으로 규정된다.[*] '나'는 일반명사들로 '표현'되며, 더 나아가 일반명사들'이다'. 그리고 최종적으로 그런 일반명사들 전체를 포괄하는 술어적 주체 즉 어떤 고유명사'이다'.

규정은 부정들을 함축한다. 즉 내가 남자라면 여자가 아니고, 기독교인이라면 불교도·이슬람교도……가 아니고, 교사라면 회사원·군인·연예인……이 아니다. 하나의 규정은 그것이 포함된

---

[*] 물론 이 이름이 여러 가지로 달리 불릴 수는 있다. 제갈량은 제갈공명으로도 또 와룡선생 등으로도 불릴 수 있다. 화려한 삶을 산 사람들 앞에는 온갖 다른 이름들이 붙는다 ("~의 영주이시자 ~의 왕이시며 ~의 기증자이시며 ~이신 x"). 또 이름이 바뀌는 등 고유명 자체가 아예 바뀌는 경우들도 있다. 자신의 의지와 관계없이 여러 번 바뀐 고유명사는 그 고유명사의 '나'가 굴곡진 삶을 살았다는 것을 증명해 주는 기호이다. 굴곡진 삶을 산 사람들은 그들의 의도/바람에 상관없이 여러 이름들로 불린다.

하나의 범주를 함축한다. '기독교인'이라는 규정은 '종교'라는 범주의 한 예^{instance}이다. 교사라는 규정은 '직업'이라는 범주의 한 예이다. 따라서 술어적 주체를 구성하는 규정들은 삶을 형성하는 각각의 **범주들에서 추출됨**으로써, 그리고 그렇게 추출된 규정성들이 계열화됨으로써 성립한다. 때로 하나의 범주에서 몇 가지의 규정성들이 함께 추출되는 경우도 있다(여러 개의 직업을 가질 경우). 이렇게 어떤 규정성들이 해당 범주로부터 추출될 때 각 규정성의 **여집합은 부정된다**. 내가 교사라는 규정성을 가질 경우 '직업'이라는 범주에서 교사 이외의 규정들은 부정/배제된다. "나는 교사이다"는 "나는 회사원이 아니다", "나는 군인이 아니다", "나는 연예인이 아니다"……를 함축하는 것이다.

한 사람의 술어적 주체는 이렇게 삶을 구성하는 각 범주들에서 추출된 규정들이 계열화됨으로써, 통접^{conjunction}을 형성함으로써 구성된다.

나는 여자이다.
나는 기독교도이다.
나는 교사이다.
나는 경상도 사람이다.
나는 1953년생이다.
(……)

(……)에는 일일이 헤아리기 어려울 정도의 많은 규정들이 들어간다. '나'는 이 규정들이 통접되어 형성되는 술어들의 집합이다. 그래서 나의 **존재**는 곧 이 술어들(의 집합)인 것이다. 술어적 주체로서의 '나'의 주체성은 이런 술어들의 통접으로부터 떼어 생각할 수 없다.

결국 하나의 주체는 넓게는 우주, 좁게는 사회(의 각종 범주들)에 속하는 이런 규정성들의 통접으로 이해될 수 있다. 달리 말해, 한 주체는 무수한 **규정성들의 계열체**이다. 나는 여자'이고', 기독교도'이고', 교사'이고', 경상도사람'이고', 1953년생'이고'……, 이렇게 길게 늘어서는 계열체인 것이다. 물론 여기에 시간지표 time index가 붙을 수 있다. 나는 여자로서 태어났고, 경상도에서 태어났고, 1953년에 태어났다. 어릴 때부터 기독교도였고, 25살에 교사가 되었고 등등. 규정들에 순서가 붙음으로써 술어적 주체는 좀더 분명하게 파악될 수 있다(지금의 순서는 시간에 따른 순서이지만, 물론 다른 방식의 순서도 가능하다). 이 계열체를 구성하는 요소들에 있어 그 순서 또한 중요하다. '나'가 자신의 술어들에서 어떤 것을 더 중시하고 덜 중시하는가가 그 '나'의 자기의식의 성격에 중요한 영향을 미치기 때문이다. 우리의 예에서 '나'가 자신의 술어들을 예컨대 '여자', '기독교도', '교사', '경상도사람', '1953년생'……의 순서에 따라 중시한다면, 그는 자신의 자기의식을 성적 정체성, 종교적 정체성, 직업적 정체성, 지역적 정체성, 세대적 정체성……의 순서에 따라 자각하고 있음, 술어적 주체로서의 자신을 이 순서에 따라 파악하고 있음을 함축한다. 그리고 그의 사회적 행위들도 이런 자기의식에 입각해 이루어질 것이다.[4]

개인 하나하나를 이런 계열체로 볼 때, 자신의 계열체와 타자들의 계열체가 구분된다. 자신을 이루는 규정성들 하나하나가 타자들의 규정성들을 함축한다. 내가 기독교도라면, 철수는 불교도이고, 영희는 이슬람교도이다 등등. 내가 교사라면, 혜경이는 회사원이고, 미치코는 디자이너이다 등등. 이렇게 '나'-계열체의 고리들 하나하나가 그 여집합들과 부정/차이의 관계를 맺게 되며, 따라서 한 계열체 전체가 숱한 부정들/차이들의 계열이기도 하다. 이렇게 '自와 他'의 전체 구도가 형성된다.

술어적 주체의 구도를 통해 형성된 자아와 타자들의 구도에서 자아의식은 '나'의 술어들과 타자들의 술어들 사이의 비교를 통해서 주어진다. 철수가 a, b, c, d, ……로 구성된 술어적 주체이고 영희가 ㄱ, ㄴ, ㄷ, ㄹ, ……로 구성된 술어적 주체일 때, 철수와 영희의 자아-임과 타자-임은 이 술어들의 비교/대조를 통해서 성립한다. 그러나 이런 비교/대조는 존재론적이기만 한 것이 아니라 가치론적인 것이기도 하다. 때문에 철수와 영희는 이 술어들을 둘러싸고서 (헤겔이 정교하게 분석한 바 있는) '인정 투쟁'으로 돌입하게 된다. 인생이란 이런 술어들을 둘러싼 투쟁의 양상을 띠게 된다. 그리고 이런 인정 투쟁이 경쟁의식, 질시, 험담,

모험, ……을 낳게 된다. 경쟁의식은 질시를 낳게 되고, 질시는 우월감/열등의식── 사실상 동전의 양면이다── 을 낳게 되고, 우월감/열등의식은 증오심을 낳게 되고, 증오심은 고통을 낳게 된다. 그래서 자신의 술어들── 각종 형태의 "출신", 전공, 직업/분야, 재산, 신체적 특징들, …… 등── 에 **집착하는** 자아의식(흔히 말하듯이, "자아의식이 강한" 의식)은 불행한 의식이다. 술어적 주체로 구성되는 **사회/세상이라는 곳**을 살아가는 우리 인간은 누구도 이런 고통을 피해 갈 수 없다.

이런 고통으로부터의 해방은 우리의 삶을 구성하고 있는 이름-자리들의 체계가 존재론적이고 가치론적인 실체가 아니라는 것, 그것들은 실선으로 그려져 있는 듯이 보이지만 자의적인── 소쉬르적 뉘앙스에서── 분절선들 이상의 **아무-것도-아니라는 것**에 대한 깨달음으로부터 가능하다. 장자는 이 아무-것도-아님을 '만물제동'萬物齊同*이라 가르쳤다. 이 '제동'의 경지에 이르렀을 때 **갑자기** 일반성-특수성으로 이루어진 삶의 격자가 깨끗하게 지

---

* "길은 사람이 걸어다녀서 만들어지고 物은 사람들이 불러서 그렇게 이름 붙여지게 된 것이다. 무엇을 근거로 그렇다고 하는가. [습관과 편견이] 그렇다고 하는 데서 그렇다고 하는 것이다. 무엇을 근거로 그렇지 않다고 하는가. [습관과 편견이] 그렇지 않다고 하는 데서 그렇지 않다고 하는 것이다. [그러나 萬物齊同의 커다란 긍정의 세계에서는] 모든 物은 진실로 그러한 바가 있으며 모든 物은 可한 바가 있으니, 어떤 物이든 그렇지 않은 바가 없으며 어떤 物이든 可하지 않는 바가 없다."(「제물론齊物論」, 안병주/전호근 옮김, 전통문화연구회)

워지고 보편성, 즉 분절이 존재하지 않는다는 점에서 질서의 무無이지만 또한 어떤 분절도 가능하다는 점에서 무한無限한 질서를 담고 있는 허虛가 도래하게 된다. 그리고 우리는 이 보편성='허' 위에서 독특한 특이성들을 그려 나갈 수 있게 된다. 이때 우리는 더 이상 위位를 가지지 않는 무위인無位人이 된다.

그러나 이런 무위인은 철학적 깨달음의 차원에서만, 내면의 차원에서만 가능하다. 현실의 격자는 견고하다. 그러나 우리로 하여금 거기에 아주 작은 차이라도— 삶에서 중요한 것은 이 **아주 작은 차이**minimal difference이다— 생겨나게 하도록 해주는 것은 이 무위인으로서의 삶이다. 무위인이란 이름-자리를 가지지 않는 존재가 아니라 그것에 집착하지 않는 존재이다. 무위인이란 허虛의 차원과 현실의 이름-자리 체계를 늘 오르내리면서 산다. 그렇게 '허'의 기氣를 받아서 (허황되고 위선적인 큰 차이가 아니라) 아주 작지만 진정한 차이를 만들어 나간다.

집합적 주체들

개체/개인만이 아니라 집합체도 술어적 주체가 될 수 있다. 집합체로서의 술어적 주체는 '나'가 아니라 '우리'라는 주어로 표현된다. '나'는 절대적이지만 '우리'는 상대적이다. 나는 세상에서 꼭 하나만 존재하지만[5], '우리'는 매우 많이 존재한다.

'우리'라는 개념은 그것에 속한 각각의 개별 주체들이 그것을 **'확장된 나'로서** 이해할 때 성립한다. 한 가족에 속한 성원들은 각기 가족을 확장된 자신들로서 이해하고 살아가며, 그때 그 가족은 '우리'로서 성립한다. 성원들이 없는 집합체는 성립하지 않는다는 사실은 단순히 논리적 진리이기만 한 것이 아니라, 그것의 성립을 위해서는 반드시 이런 주체성의 이해와 실천이 전제되어야만 한다는 것을 의미하기도 한다. 그렇지 않을 경우 집합체란 명목적인 이름으로서만 존재할 수 있을 뿐이다. 생물학적 군체에서 인간사회의 집합체들에 이르기까지, 이런 이해와 실천이 이루어질 때 하나의 집합체는 마치 하나의 개체, 나아가 주체인 듯이 활동한다.

이럴 때 우리는 하나의 집합체를 주체로서 언급할 수 있다. 특히 그 집합체가 하나의 집합체로서 응집력이 강할수록 그렇다 (이 응집력은 그 집합체에 속하는 개체/개인들이 스스로를 그 집합체에 동일시하는 정도에 비례한다). 그런 한에서 우리는 영희네-주체와 철수네-주체, A회사-주체와 B회사-주체, 나아가 여성-주체와 남성-주체, 한국인-주체와 일본인-주체와 중국인-주체 등등을 이야기할 수 있다. 그리고 집합체들이 외연적 위계를 형성하는 한에서 집합체-주체들도 그런 위계를 형성한다. 예컨대 여성-주체와 남성-주체가 인간-주체에 속할 수 있고, 한국인-주체, 일본인-주체, 중국인-주체…… 등이 '동북아인-주체'에 속할 수 있다.

하나의 집합체가 일종의 주체로서 활동할 수 있기 때문에 집합체와 집합체 사이에서도 개인과 개인 사이에서 성립할 수 있는 여러 관계들이 성립한다. 숱한 '나'들 사이에서 펼쳐지는 드라마들은 역시 숱한 '우리'들 사이에서 펼쳐질 수 있다. 물질적인 맥락에서만 추상화해 본다면, 개체들 역시 어떤 면에서는 '우리'들이다. 하나의 신체는 숱한 세포들의 집합체이기에 말이다. '나'는 이런 숱한 '우리'들——나 자신인 '우리'까지 포함해서——이 중층적으로 포개져 이루어지는 드라마(사건)이다.

'나'는 하나이지만 확장된 나로서의 '우리'는 무수히 많다. 나는 한 가족, 한 학교, 한 정치단체, 한 직장……에 동시에 속해 무수한 '우리'들로서 존재할 수 있는 것이다. 달리 말한다면, '나'란 결국 무수한 '우리'들의 교집합에서 성립한다. '나'는 숱한 '우리'들로 구성되지만, 또한 역으로 숱한 '우리'들로 해체된다. '나'와 숱한 '우리'들——사회—— 사이에는 이율배반적 관계가 성립한다. 개인과 사회의 드라마는 이 이율배반적 구조에서 연원한다.

집합체에 붙는 술어들은 또한 그 집합체에 속하는 개별 주체들에게 붙는다. 철수가 A회사에 다닐 경우, "A회사 사람들은 부지런하다"는 규정은 곧 "철수는 부지런하다"라는 규정을 함축한다. 여기에는 다음과 같은 추론이 함축되어 있다.

철수는 A 회사에 속한다.

A 회사 사람들은 부지런하다.

고로 철수는 부지런하다.

앞에서 술어들에 대한 자아의 집착을 이야기했거니와, 위와 같은 추론은 자아로 하여금 자신이 속한 '우리'들로서의 술어에 집착할 수밖에 없도록 만든다. 한 주체는 무수한 집합체들의 교집합에서 성립한다고 했거니와, 그렇다면 한 주체는 그가 속해 있는 각종 집합체들의 술어들을 규정으로서 가지게 된다.

나는 여자이다. 여자는 TV 드라마를 좋아한다. 고로 나는 TV 드라마를 좋아한다.

나는 기독교도이다. 기독교도는 교회에 나간다. 고로 나는 교회에 나간다.

나는 교사이다. 교사는 학생들을 가르친다. 고로 나는 학생들을 가르친다.

나는 경상도사람이다. 경상도사람은 경상도말을 쓴다. 고로 나는 경상도말을 쓴다.

나는 1953년생이다. 1953년생은 4·19 발생 이전 세대이다. 고로 나는 4·19 발생 이전 세대이다.

(……)

그래서 나는 TV 드라마를 좋아하고, 교회에 나가고, 학생들을 가르치고, 경상도말을 쓰고, 4·19가 발생하기 전에 태어났고……라고 말할 수 있다. 그러나 한 집합체에 붙는 술어는 개연적probable이다. 기독교도가 교회에 나갈 개연성이나 교사가 학생들을 가르칠 개연성은 비교적 높다. 그러나 여자이지만 TV 드라마를 좋아하지 않는 사람도 적지 않고, 경상도사람이지만 서울말을 쓰는 사람도 적지 않다. 1953년생이 4·19 이전 세대라는 사실은 개연성이 100%에 달한다. 이렇게 집합체에 붙는 술어들은 그 개연성이 일정하지는 않다. 때문에 한 주체를 그가 속한 집합체의 술어들을 통해 파악할 때 자주 '일반화의 오류'를 범하게 된다. 이것은 한 집합체에 속한 주체가 그 집합체의 술어를 얼마나 의지적으로/주체적으로 받아들이느냐, 그리고 외부의 시선이 그 주체와 집합체 사이의 거리를 얼마나 감안해서 보느냐의 여부에 관련된다. 예컨대 한 사람이 여자로 태어난 것은 비의지적인 것이지만, 기독교도인 것은 일정 정도 의지적인 것이다. 그래서 한 주체는 (자신이 속한) 집합체의 규정을 (정도상의 문제이지만) 때로는 의지적으로 또 때로는 의지와 무관하게 가지게 된다. 또 한 주체를 바라보는 시선은 그 주체의 술어와 집합체의 술어를 단적으로 동일시할 수도 있고 크게 구분해 볼 수도 있다. 그 사이에 무수한 시선들이 존재한다.

이렇게 개연적이기는 하지만, 어쨌든 한 주체는 계열화된 술어들로 존재하며 그 술어들 하나하나는 집합체의 성격을 띤다. 우리의 예에서 '나'는 'TV 드라마를 좋아하는 사람들'의 집합체에 속하며, 또 '교회에 나가는 사람들', '학생들을 가르치는 사람들', '경상도말을 쓰는 사람들', '4·19 이전 세대'라는 집합체에 동시에 속하게 된다. 나는 내게 고유하게 붙은 술어들'임'과 마찬가지로 또 다양한 집합체들에 붙은 술어들'임'이기도 하다(나에게 고유하게 붙은 술어들도 집합체들로 생각할 수 있다. 예컨대 내가 곱슬머리일 때, 나는 '곱슬머리'라는 집합체——세계에 존재하는 모든 곱슬머리들의 집합——에 속한다고 볼 수도 있기 때문이다). 이런 구조에서 주체의 외연과 규정성들의 외연은 반비례한다.

나는 한국사람이다.
한국사람은 동북아사람이다.
동북아사람은 '동양'사람이다.
'동양'사람은 사람이다.
사람은 동물이다.
(……)

아리스토텔레스의 논리학을 참조해서 생각해 본다면, '나'가 한국사람이라 할 때 한국사람이 가지는 규정의 외연은 '나'가 가지는 규정보다 적다. 한국사람이 가지는 규정들은 자동적으로 나에게 붙지만, 내가 가지는 많은 규정들이 한국사람에 붙지는 않기 때문이다. 한국사람이 '성질이 급하다'는 규정을 가질 경우, 나는 자동적으로 또는 개연적으로 이 규정을 가진다. 그러나 '나'가 곱슬머리라고 해서 "한국사람은 곱슬머리다"라고는 할 수 없다. 마찬가지로 동북아사람의 규정들보다 한국사람의 규정들이 더 많다. 개체는 외연이 1인 집합이며, 그래서 가장 많은(사실상 무한한) 규정들을 가진다. 개체가 '고유한' 것은 바로 이 때문이다.[*]

'나'는 다양한 집합체들과의 이런 누층적이고(외연적 측면에서) 교집합적인(내포의 측면에서) 복잡한 관련을 맺는, 그리고 (원칙상 무한한) 규정들의 고유한 계열로 규정되는, '외연=1'인 존재이다.

주체성의 선험적 지평으로서의 시간

그러나 지금까지의 우리 논의는 철저히 공간론-집합론적 논의일 뿐이다. 우리는 시간을 참조하지 않고서는 주체(성)를 논할 수 없

---

[*] 그러나 나에게 고유한 규정이라고 생각되는 것들도 상당 정도는 일반적이다. 예컨대 '갈색머리'를 이 세계에 존재하는 모든 갈색머리의 집합으로 본다면, 나의 갈색머리도 (마치 나의 성질-급함이 한국인-집합체의 성질-급함의 한 요소이듯이) 갈색머리-집합의 한 요소일 뿐이기 때문이다. 이것을 플라톤적인 방식으로, 즉 현실적인 모든 갈색머리들은 갈색머리-이데아의 모방물들이라는 식으로 볼 수도 있을 것이다.

다. 주체성의 선험적 지평은 바로 시간이기 때문이다. 이 시간적 지평을 고려하지 않을 때 앞에서와 같은 공간적 논의가 가능하다.

시간이 주체성의 선험적 지평이라는 것이 단지 주체가 시간 속에서 변해 간다는 사실을 뜻하는 것만은 아니다. 나아가 주체가 시간의 지평 위에서 살아간다는 것만을 뜻하는 것도 아니다. 시간이라는 선험적 지평은 주체를 **역설적으로** 조건짓는다. 수동적 측면에서 주체는 규정들의 변화에 의해 변모를 겪어 간다. 시간적 지평 위에서 주체는 변화를 **겪는다.** 변덕스러운 날씨는 한 주체에게 병을 가져온다. 전쟁은 한 주체의 모든 것을 앗아 간다. 결혼은 한 주체의 성격을 크게 변화시킨다. 이렇게 주체는 시간의 작용 즉 세계의 생성 속에 존재하며 그래서 세계-생성과 더불어 생성해 간다. 다른 측면에서 주체는 자신의 규정들에 대해 고민하며 그것을 바꾸어 나가려 한다. 나는 기독교인이지만 기독교가 싫어져 불교도가 되려 한다. 사회가 발전하면 국적의 변경까지도 가능하게 된다. 나는 한국인이지만 한국이 싫고 그래서 미국인이 되려 한다. 기술의 발달은 심지어 자연적 조건까지도 바꿀 수 있게 해주었다. 나는 여자임이 싫고 그래서 남자가 되려 한다. 나는 나의 규정들을 고착시키기보다 끝없이 바꾸어 나가려 한다. 나는 시간을 겪기도 하지만 또한 시간을 **바꾸어 간다.** 바꾸어 나감의 선험적 지평은 시간이다. 그래서 시간이라는 조건은 나의 수동성의 조건인 동시에 능동성의 조건이다.

그래서 주체는 근본적으로 이율배반적인 존재, 그러나 불연속적인 모순 구조가 아니라 연속적인 시차적視差的 구조를 띤 존재이다.[6] 이 시차적 구조가 주체의 삶을 상반된 두 힘이 투쟁해 가는 장으로 만들며, 술어적 주체란 이런 과정의 어느 한 면을 잘라 보았을 때 성립할 뿐이다. 바로 이렇게 잘라 보았을 때, 이미 말했듯이 주체를 구성하는 술어들은 체계를 이루고 있다. 술어들은 한편으로 범주화되어 있고 다른 한편으로 변별되어 있다.

나는 여자/남자이다.

나는 기독교인/불교인/······이다.

나는 교사/회사원/군인······이다.

나는 경상도사람/충청도사람/경기도사람/······이다.

나는 1953년생/1954년생/······이다.

술어들은 한편으로 성, 종교, 직업, 출신도, 생년월일······ 등등으로 범주화되어 있다. 그리고 각 범주는 차이들의 체계——변별적differential 체계——로 되어 있다. 이 변별적 체계는 때로는 수평적인 차이들의 체계이고 때로는 수직적인 위계적 차이이다(예컨대 군대의 계급). 한 사람의 술어적 주체는 각 범주에서 하나씩(경우에 따라서는 몇 개씩)의 요소들을 뽑아서 그것을 통접했을 때 성립한다.

삶의 범주들은 대부분 한 개인이 만들어 내는 것이 아니다. 그것들은 사회적-역사적으로 축적된 거대한 체계이다. '인간'으로 태어난다는 것은 곧 그런 체계 안에 내던져진다는 것을 뜻한다. 그래서 한 개인은 각 범주에서 하나씩의 술어들을 뽑아 내어 그것들을 통접시킴으로써 '자기'를 만들어 가고자 한다. 이것은 술어들의 그물로 되어 있는 거대 그물 속에서 자기의 **자리**를 잡아 가는 과정이며, 자기의 **이름**을 만들어 가는 과정이다. 그 그물이 고착되어 있을수록 '자기'의 구성은 상투적일 수밖에 없다. 이때 주체는 그물 속에 갇힌 새처럼 펄럭이면서 그저 좀 나은 이름-자리를 잡으려고 몸부림치게 된다.

이 새장에서 탈주하고자 한다면 술어들의 그물과의 끝없는 투쟁이 필요하다. 그물코를 찢어 그물의 모양 자체를 바꾸어 나가는 각종 실험들을 통해서만 삶의 술어적 그물은 변해 갈 수 있다. 주체는 일정하게 주어진 어떤 것이 아니라 규정성들의 공간에서 끝없이 수선되는 직조물이라 할 수 있다. **한 시점에서** 한 주체를 규정하고 있는 이름들(일반명사들), 즉 규정성들의 공간에서 그 주체가 차지하고 있는 자리들이 그의 주체성을 규정한다. 그러나 주체는 이 **이름-자리의 바깥**으로 탈주하면서 스스로를 끝없이 수선하려 한다. 이 점에서 주체는 공간적 구성체일 뿐만 아니라 시간 속에서 계속 변화를 겪는 활동체이기도 하다. 주체는 "나는 ~이다"를 통해서가 아니라 "나는 ~이/가 되고 있다"를 통해서 성립한다. 이 '~'이 그물 속에 이미 결정되어 있는 그물코가 아니라 그 자체 생성해 가는 어떤 것일 때, 주체란 '~되기'를 통해서 살아가는 것이다. 이 주체는 명사-형용사의 주체이기보다는 동사의 주체, 동사로서의 주체이다.

차생(差生)과 정체성

자기차이성
고유명사로서의 주체
객체성과 주체성의 갈등과 화해

• 차생(差生)과 정체성

술어적 주체의 정태성을 극복해 가면서 시간과 차생(차이생성)의 차원으로 나아갈 때, 이름-자리의 그물을 찢으면서 삶에서의 새로움을 만들어 나갈 때, 가장 핵심적인 것은 **정체성의 구축**이다. 동일성을 극복하기 위해 차생의 흐름 속으로 들어가기만 한다면, 주체는 곧 주체성을 잃어버리고 와해될 것이기 때문이다. 주체는 동일성의 거부가 아니라 시간을 머금을 수 있는 동일성 즉 정체성을 구축함으로써만 주체로서 살아갈 수 있다. 결국 삶의 요건은 시간과의 관계에 있다. 시간을 벗어난 주체(물론 불가능하지만)는 하나의 동일성으로 고정되며, 살아-가는 주체이기를 그친다. 그러나 시간 속에서 동일성을 상실해 버린 주체 역시 더 이상 주체로서 살아-가지 못한다. 살아-간다는 데에는 이런 근본적인 이율배반적 성격이 깃들어 있다.

자기차이성

주체는 주체로서 계속 생성해 간다. 즉 주어지는 생성하는 조건들에 동화되어 가는 한편 그것들과 투쟁함으로써 자신을 만들어 간다. 이렇게 주체가 생성/되기를 통해 성립한다 할 때, 그러한 주체-화의 선험적 지평은 곧 시간이다. 주체가 시간의 지평 위에서 되어-가는 과정은 그 주체의 **경험에 기반한다**. 주체는 경험을 통해서 자신으로 되어-간다. 주체는 시간의 지평 위에서 경험을 통해서 자신으로 되어-가는 것이다.

경험이란 우선은 겪음이다. 주체는 살아가는 한 끝없이 겪음('파토스')에 처한다. '처處-함'은 어딘가에 놓임이고, 어떤 상황의 닥쳐-옴이다. 사물들에 대한 지각, 타인들과의 만남, 특정한 사건들과의 부딪침, 어떤 일에서의 성공과 실패, 더 넓게 말해 특정한 사회와 시대에 태어남, (근본적으로 볼 때) 인간으로서 태어남, …… 이 모두가 겪음이고, 처-함이고, 닥쳐-옴이다. 시간과 장소, 타자들과 사건들이라는 근본 구조——생성하는 구조——에서 겪어-감이 살아-감이다.

산다는 것은 곧 겪는다는 것이고 겪는다는 것은 시간의 지평 위에서 끝없이 생성하는 **차이들을 겪는 것**이다. 시시각각으로 변해 가는 지각, 계속 생성해 가는 타인들과의 만남, 부딪쳐 오는 숱한 사건들……, 이렇게 주체는 살아가는 한 크고작은 차이들을 만나며 그때마다 변해 간다. 스피노자식으로 말해, 주체는 끊임

없이 신체적으로 변양되고 동시에 정신적으로 감응한다. 만일 이런 차이생성이 모두 각각의 파편으로 고립된다면, 주체는 시간의 지평 위에서 계속 산산조각 나게 될 것이다. 토막 난 이런 주체는 계속 희박화와 파편화를 겪음으로써 성숙을 모를 것이며, 결국 주체로서 성립할 수 없을 것이다(우리 시대의 주체들은 점점 이런 상태에 가까워지고 있는 듯하다). 주체는 시간의 지평 위에서 '시간의 종합'을 통해서만 주체로서 성립한다.

주체에서의 시간의 종합은 우선 크게는 두 가지 **수동적 종합**의 틀 속에서 이루어진다. 생명체로서의 주체는 생존이라는 조건/틀 속에서 수동적 종합을 행한다. 생명체의 동일성은 시간과 차생을 겪으면서 와해되지만, 생명체는 이것들을 흡수하는 메타 동일성을 수립함으로써 자신의 역동적 동일성을 보존해 나가야 한다. 차이생성의 거대한 와류——이른바 "진화"——에 휩쓸려 와해되지 않기 위해서는 시간의 종합이 필수적이다. 이를 가능하게 하는 능력이 기억이라면, 기억이야말로 생명의 기초적 본성이라 하겠다. 기억은 차이들의 계열화 속에서 보존되는 자기(=자기 차이성)를 가능하게 한다. 차이생성과 싸워야 하는 생명체의 이런 생존 조건이 시간의 수동적 종합을 가져 온다.[7]

수동적 종합은 또한 사회적 맥락에서 성립한다. 사회적 시간은 동시화/동기화同期化되어synchronized 있고 한 사회를 살아가는 사람들은 모두 그 동기화된 시간에 따라 자신의 리듬을 조정해야 한다(학교의 시간, 군대의 시간, 공장의 시간······). 이렇게 조정된 시간의 종합은 수동적 종합이며, 생명체로서의 종합도 그렇거니와 이 수동적 종합 역시 얄궂게도 매우 애써야만 지킬 수 있는 수동적 종합이다. 생명체로서나 사회인으로서나 한 주체는 극히 애씀으로써만 수동적인 종합을 수행할 수 있다! 따라서 여기에서의 '수동성'이란 소극성이나 무위를 가리키는 것이 아니라 종합의 주체가 진정 주체일 수 없는 상황을 가리킨다. 그러나 자연과 사회라는 이중의 객체성 위에서 살아가야 하는 주체에게는 이런 수동적 종합 위에서만 능동적 종합도 가능하다.

시간을 종합하는 존재로서의 주체는 자신 안에 자신으로부터의 차이생성을 머금게 된다. 이 차이생성은 자기에게 그 자기와 차이 나는 자기들을 가져오며, 주체는 이 차이들을 시간의 종합을 통해 소화해 넘으로써 주체로서 성숙해 간다. 주체의 이런 성격을 '자기차이성'이라고 부를 수 있다.

주체로 하여금 시간 속에서 (단순한 동일성이 아닌) 정체성(시간 속에서의 변화를 담지하는 역동적 동일성)을 가질 수 있도록 해주는 것, 이것을 우리는 '기억'이라고 부른다. 따라서 사건들을 통해 생겨난 기억의 내용들로 채워지지 않은 주체 개념은 아무런 의미가 없다. 사건들은 외재적이다. 따라서 주체는 바깥에서 부딪쳐 오는 사건들 없이는 성립하지 않는다. 사건들과의 부딪침은 계속 차이를 만들어 내고, 주체는 그 차이들의 와류에 휩쓸려 가

지 않는 한에서만 주체로서 존립한다.[*]

주체는 바깥으로의 열림, 타자와의 부딪침 없이는 성립하지 않는다. 그러나 기억 능력은 변화를 겪는 주체에게 연속성을 부여함으로써 시간 속에서의 차이들의 종합을 가능케 한다. 외부성을 띠는 사건들의 주체와 내부성을 띠는 기억의 주체는 시차적 이율배반의 구조에 입각해 안과 바깥, 능동과 수동의 이율배반을 극복해 간다. 기억은 차생의 종합을 통해 보존되는 자기——자기 차이성——를 가능케 한다. 시간적 지평에서의 차이들은 **구체적具體的인** 존재함[有]의 기본 조건이다. 세계는 기본적으로 차이들의 생성이기 때문이다. 때문에 기억하는 주체는 연속성과 차이를 동시에 머금을 때에만 성립한다. 주체는 **내적 복수성**internal multiplicity을 통해서 성립한다. 내적 복수성은 외적 복수성과 다르다. 공간 속에 외연도적으로 펼쳐져 있는 수적 복수성으로서의 외적 복수성과 대비적으로, 내적 복수성은 시간을 종합하면서 강도적으로 접혀 있는 질적 복수성이다. 기억이란 다름 아닌 내적 복수성이다.[8]

술어들의 집합, 이름-자리가 공간적 주체를 구성한다면, 자

---

[*] 이런 이유로 컴퓨터가 그토록 많은 기억을 담고 있음에도 그것을 주체라고는 하지 않는다. 그 기억은 사건들을 통해서 쌓인 기억이 아니라 장착된 것에 불과하기 때문이다. 이 단순 기억(정보)과 생명체 특히 인간의 기억 사이에 로봇의 기억이 존재한다고 할 수 있다. 로봇을 어떤 의미에서의 주체로서 받아들인다면, 그것은 그의 기억이 컴퓨터의 기억과는 다른 종류의 기억이라는 점을 함축한다. 그렇다면 로봇(이나 그와 유사한 존재들)에서의 기억이란 어떤 기억일까?

기차이성, 내적 복수성, 기억이 시간적 주체를 구성한다. 시간적 주체는 공간적 주체를 해체/재구성하면서 열린 주체를 가능케 한다. 그러나 시간적 주체가 시간을 배반할 때 이런 열림은 닫혀 버린다. 자기차이성은 기억을 통해 가능하지만 또한 기억을 통해 닫혀 버리기도 한다. 주체가 기억을 바탕으로 차이를 만들어 나갈 수도 있지만, 기억에 갇혀 자기차이성에서 물러나 버릴 수 있기 때문이다. 기억이란 주체에게 이렇게 이율배반적으로 작용한다. 여기에 자기차이성의 긴장이 존재한다.

고유명사로서의 주체

주체는 술어들을 통해서 규정된다. 주체는 고유명사이고 술어들은 일반명사들이다. 따라서 고유명사는 일반명사들의 계열로 분석된다. 그러나 고유명사가 일반명사들로 온전히 분석될까? 본질주의 철학에서 고유명사는 일반명사의 한 경우 즉 예화例化, instantiation이다. '철수'는 '인간'의 한 예화이다(더 올라가서 '인간'은 '동물'의 한 종화이다). 개체는 특정한 집합의 한 요소로서 파악된다. 예화와 종화種化, specification는 아리스토텔레스적-스콜라적 사유의 근본 틀로서 작동했다. 라이프니츠의 빼어난 공헌은 개체를 이렇게 그 상위의 보편자들에 귀속시켜 이해하기보다는 그것이 내포하고 있는 빈위賓位들attributes의 계열체로서 이해했다는 점이다. 고유명사는 일반명사의 예화로서 이해되기보다 무한한 일반명사들——빈위들——의, 나아가 형용사들, 동사들 등등의 집합체로서 이해된다. 철학사상 처음으로 개체는 가지可知적인 존재로 화했다.[9] 라이프니츠는 하나의 모나드는 그 빈위들로 온전하게 분석된다고 보았다. 물론 분석되지 않는 빈위들, 칸트가 '종합명제' 개념을 통해 구분해 내고자 했던 빈위들도 있다.

철수는 총각이다.

철수는 결혼하지 않은 남성이다.

철수는 서울에 산다.

철수는 살이 쪘다.

(……)

철수가 총각이라는 것은 곧 그가 결혼하지 않은 남성임을 뜻한다. 이것은 분석명제이다. 하지만 철수가 서울에 산다는 건 종합명제이다. 경험을 통해 확인해야 할 명제이기 때문이다. 그러나 라이프니츠에게 모든 명제는 분석명제다. 종합명제라고 일컬어지는 명제들은 다만 무한한 분석을 요하는 명제들일 뿐이다. 우리가 경험을 통해 확인하는 것도, 神이라면 무한한 분석을 통해 알수 있으리라. 그러나 신학적 그물을 걷어 내고 보자. 각각의 빈위들은 시간 속에서 우발적으로 성립한다. 빈위들은 제작된 것이 아니라 시간의 지평 위에서 **계속 열려 가는 관계들**을 통해 성립한다.

베르그송은 전통적인 철학들이 대개 "모든 것이 주어졌다"는 대전제 위에서 움직였음을 종종 지적한 바 있다. 이때의 '모든 것'은 각 철학자들마다 다르다. 라이프니츠의 경우 이 '모든 것'은 바로 빈위들의 총체일 것이다. 神은 이 빈위들의 총체에서 일정한 것들을 집어내어 계열화함으로써 각각의 모나드들을 만들었다. 다시 신학적 그물을 걷어내고 보자. 이때 ①총체성이란 이 세계에서 일어날 수 있는 모든 사건들의 집합이 될 것이고, ②나아가 현실성이 아닌 잠재성의 차원까지 생각할 때 가능한 사건들의 총체일 것이며, ③베르그송의 근본 가설을 따른다면 그 총체 자체가 시간 속에서 바뀌어 간다고 해야 할 것이다. 이때 ①빈위들이란 한 인간이 삶을 살아가며 겪을 수 있는 우발적 사건들의 총체일 것이고, ②우리가 알고 있는 사건들 외에 잠재적 사건들이 존속하기에 subsist 경험의 지평들은 계속 넓어져 갈 것이며, ③한 사람, 하나의 고유명사는 시간의 종합을 통해 형성되는 사건들의 계열을 통해 이해될 수 있을 것이다. 주체는 사건들의 총체──열린 총체──를 가로지르면서 생성하는 것으로 이해된다. 이것이 누군가가 "산다"는 것을 뜻한다.*

---

* 이런 주체는 어떤 집합체의 요소이기를 그친다. **가로지르는 주체**는 어떤 면에 속하는 점이 아니라 운동하는 선이기 때문이다. 따라서 그가 맺는 관계들의 양상도 자신이 속한 면에 입각해 이뤄지는 집합론적 관계 맺음이 아니라 선적인 운동을 통해서 생성해 가는 관계 맺음이다. 한 사람의 주체성은 주어진 무엇이 아니라 이런 운동이 결과적으로 만들어 가는 고유한 어떤 길일 것이다. 점에서 선으로, 이름-자리에서 무위-길로.

주체는 빈위들/사건들의 총체가 형성하는 객체성을 가로지르면서 성립하기에, 단적으로 주어지는 주체성 같은 것은 없다. 물론 한 인간에게 '주어지는' 선천적 측면들이 존재한다. 그러나 이 선천성 또한 오랜 시간에 걸친 각종 종합들의 연장선상에서 주어진다. 하나의 모나드 안에 우주 전체가 접혀 있다는 라이프니츠적 가설까지 가지는 않더라도, 모든 개체들/주체들이 숱한 인연의 귀결歸結이라는 점은 분명하다. 개체, 나아가 주체는 (실제 이름을 가지든 가지지 않든) 고유명사로서 존재하지만, 그 고유명사는 거대한 객체성의 한 얼굴로서 성립하는 것이다. 한 개체/주체의 고유함은 객관적 세계의 한 갈래로서만 성립한다.

한 주체의 고유한 측면들, 즉 그의 정체성을 이루는 것들은 이렇게 차생差生하는 세계와 차생과 투쟁하는 기억의 능력에 뿌리를 두고 있다. 앞에서 술어적 주체에서 시작해 그 해체를 통해 차생을 발견했다면, 이제 우린 차생하는 세계에서 어떻게 정체성이 형성되는가를 생각해 본 것이다. 결국 정체성은 주체의 규정성들의 집합론적 고정을 통해서가 아니라 시간의 종합을 통한 주체의 고유한 계열화를 통해 성립하며, 이 종합의 고유성이 한 주체를 술어적 주체를 넘어서는 고유명사로 만들어 준다. 자유는, 그것이 자기에 대한 착각이 아닌 경우, 이렇게 객체성에 여건을 두고 이루어지지만 또한 시간 속에서 고유하게 성립하는 주체성에 뿌리 두고 있다.

이런 이유에서 개인의 '단독성'을 지나치게 강조하는 것은 개인의 단독성도 결국 세계의 한 얼굴이라는 점을 무시하는 것이다. 규정성들, 우주의 법칙성들, 사회-역사적 구조들을 떠난 '나'는 존재하지 않는다. 개인의 단독성만을 강조하는 것은 여전히 개체를 실체화하는 것이다. 개인의 고유성을 인정하는 동시에 그의 개체성을 실체화하기보다는 '이-것'으로 이해할 필요가 있다.*

한 인간은 존재론적으로 우발적 존재, 우발적 사건이지만, 생물학적 법칙성에 지배받는다. 따라서 세계의 우발성에 대한 인정이 형식화를 거부하는 이유가 되지 않는다. 존재론적 우발성과 과학적 법칙성은 양립할 수 있다. 형식화를 간단히 '과학적 이데올로기'로 치부하는 것은 19세기적 낭만주의의 유산인 것이다. 고유명사의 법칙성은 형식논리학적 대립항이 아니다. 고유명사는 법칙성의 끝에서만, 더 정확히 말해서 그 **배면**背面**에서만** 드러나기 때문이다. 단독성과 객관세계의 이치가 대비되는 것은 아니

---

* 가라타니 고진은 단독성/고유명사를 지나치게 강조한 나머지 우발성, 개체성, 고유성에 대한 감성적 집착으로 흐르고 있다.(가라타니 고진, 「개체의 지위」, 『윤리로서의 유물론』, 이경훈 옮김, 문화과학사, 2002) 가라타니는 우주 자체도 단독성의 측면에서 바라본다. "자연과학조차도 자연사에 속한다. 다시 말해 이 자연사, 즉 다른 방식으로 존재할 수도 있었지만 바로 이 방식으로 존재해 온 하나의 역사에 속하는 것이다."(가라타니 고진, 『은유로서의 건축』, 김재희 옮김, 한나래, 1998, 230쪽) 그러나 이 고유명사는 우주의 법칙에 따라 움직인다. 가라타니는 형식화를 비판하면서 고유명사를 강조한다. 그러나 세계가 우발적이라는 것과 법칙적이라는 것은 양립 불가능하지 않다. 우발성은 법칙성의 **끝에서** 성립하기 때문이다.

다. 단독성은 또 다른 단독성과 대비된다. 그리고 그 모든 단독성들은 상호 절연된 단독성이 아니라 세계의 차생이라는 바다 위에서 함께 부유하면서 그 차생을 공유하는, 그리고 항상 타자들과의 관계——생성하는 관계——에 따라 생성하는 단독성, 그런 공유와 함께-맞물려-생성하기라는 지평 위에서만 일정한 차이들을 통해 형성되는 단독성인 것이다.

객체성과 주체성의 갈등과 화해

객체성과 주체성이 뫼비우스적 이율배반을 형성한다고 해서 그것을 공간적-구조적 방식으로만 이해하는 것은 치명적 한계를 노정하게 된다.* 객체성과 주체성은 공간적으로 주어진 구조가 아니라 시간 속에서 계속 밀고 당기면서 변형되어 가는, 즉 이율

---

* 지젝은 뫼비우스적 이율배반을 빼어나게 분석해 보여 주었지만 이런 한계를 넘어서지 못하고 있다. 지젝에 따르면 헤겔은 칸트의 이율배반을 정반합(正反合)에 따라 해소한 것이 아니다. 이율배반이란 극복해야 할 무엇이 아니라 바로 세계 자체의 구조이다. "시차는 동일한 x에 대한 양립 불가능한 두 개의 관점으로 구성된 대칭적인 것[평행을 달리는 para-doxa]이 아니다. 두 관점 사이에는 환원 불가능한 비대칭성, 극소의 반사적 왜곡이 존재한다. 우리는 두 관점을 가지는 것이 아니다. 하나의 관점과 그것을 비켜 가는 것이 있으며, 두번째 관점은 첫번째 관점에서는 보이지 않는 공백[사각지대]을 채운다."(지젝, 『시차적 관점』, 김서영 옮김, 마티, 2009, 63쪽) 그러나 여기에서 더 나아가 두 관점의 경계선이 계속 생성한다는 점을 덧붙여야 한다. 그리고 이 생성이 다시 헤겔식으로 총체화되지 않으려면 '부정의 운동'이 아니라 '연속적 변이'로서 파악되어야 할 것이다.

배반의 구체적 형태 자체가 계속 변해 가는 탈구조적 구조를 형성하기 때문이다(따라서 이율배반은 탈구조와 구조, 시간과 공간 자체에서도 성립한다). 이런 뫼비우스적 이율배반은 더 이상 뫼비우스적/수학적인 것이 아니다.

인간은 늘 일정한 조건들하에서 살아가지만 그 조건들을 넘어서면서 독특한 삶을 만들어 왔다. 그런 조건들을 인식하는 이론적 행위와 그것들을 넘어서는 실천적 행위를 엮어 감으로써 살아온 것이다. 철학의 역사에서 자유의 문제가 늘 핵심논의거리로 다루어져 온 것은 이 때문일 것이다. 삶에서의 필연성을 인식하지 못할 때 자유는 주관적 환상이 되어 버린다. 역으로 자유의 가능근거를 확보하지 못하는 필연성은 인간적 삶을 뒷받침하는 철학이 될 수 없다. 고전적인 철학들이 주로 형이상학적 차원과 현실적 차원의 화해를 꾀했다면, 근대 이후의 철학들은 대개 현실적 차원 자체의 결정성과 인간의 자유 사이에서 사유를 진행해 왔다.

이런 과정에서 나타난 부정적인 상황^{狀況}들 중 하나, 근대 이후 꾸준히 이어져 온 한 경향은 인간이 이룩한 인식의 성과에로 인간 자신을 흡수시켜 보려 한 경향이다. 계몽주의 시대의 기계론적 유물론으로부터 오늘날의 사회생물학까지 이런 경향이 꾸준히 이어져 왔고 앞으로도 이어질 것이다. 그러나 이런 식의 시도들은 여러 가지 문제점, 특히 어리석음을 함축한다.

첫째, 존재와 인식의 순환성의 문제이다. 인간은 인식주체로서 어떤 대상을 규정하지만, 그런 규정 자체가 바로 **인식주체의 어떤 조건들**의 결과라는 점이다. 인간은 자신이 만든 그물로 고기를 잡을 때면 바다가 그 그물처럼 생겼을 것이라고 착각한다. 그러나 인식이란 결국 인간이 하는 인식이다. 물론 이것이 불성실한 형태의 주관주의나 상대주의, '과학사회학'적 입장을 정당화하는 것은 아니다. 그물을 더 잘 만들면 더 많은 고기가 잡힐 수 있다. 특정한 그물을 실체화하거나 고착화하는 것이 문제일 뿐이다. 존재와 인식은 끝없이 **순환적이며**, 인식론적 어리석음에 빠지지 않으면서 그 순환의 고리들을 더 정교화해 나가는 것이 중요하다.

둘째, 이런 순환성을 망각할 때 즉 인식에서의 주체와 객체의 뫼비우스적-역동적 이율배반을 인식하지 못할 때, 자신이 얻은 인식 결과를 다시 자신에게 투영해 자신을 일방적으로 이해하는 존재론적 우愚를 범하게 된다. 앞의 인식론적 우와 짝을 이루는 이 우를 통해서 주체는 **사실상 자신이 만든 것일 뿐인** 그물로 자기 스스로를 옭아매는 기이한 모순을 범하게 된다. 자신이 A라는 그물을 만들어 세계를 A로 규정하고서 "그러므로 인간은 ~한 A이다"라는 결론을 내리는 것이다. 이 존재론적 우를 벗어나는 것은 앞의 인식론적 우를 벗어나는 것과 맞물려 있다. 인식 결과를 실체화하지 않을 때 그 결과를 자신에게 반조返照해 자신을 고착적으로 규정하는 함정에 빠지지 않을 수 있는 것이다.

셋째, 이 인식론적 우와 존재론적 우에 맞물려 있는 또 하나의 어리석음이 윤리학적 어리석음이다. 인식(존재의 파악)도 그것을 통한 자기 규정도, 지금까지 우리는 단수로서 총체화해 이야기했지만, 사실은 복수적인 구도에서 이루어진다. 그것은 단지 수적 복수성을 뜻하는 것이 아니라 인식 주체들의 다양성──개인적, 시대적, 지역적, 전공/분야별…… 다양성──을 뜻하며, 여기에는 숱한 윤리적 문제들이 도사리고 있는 것이다. 인식이란 주체와 대상의 관계일 뿐만 아니라 주체와 주체의 관계이기도 하다. 그리고 이때 주체와 주체의 관계에서 중요한 것은 코드를 공유하고 있는 경우가 아니라 공유하고 있지 않은 경우이다.* 인식이란 대상이라는 타자성과의 부딪침만이 아니라 타인들과의 부딪침을 함축한다. 이런 **타자성**을 인식하지 못할 때 여러 가지 형태의 인식론적 아집에 빠지게 되는 것이다. 바로 이 때문에 한 분야에서 놀라운 뛰어남을, 나아가 천재성을 발휘하는 사람이 다른 관점에서는 어린애와도 같은 모습을 보여 주는 현상이 종종 나타나게 된다. 타자들과의 부딪침이라는 과정 없이, **삶 일반의 지평 없이** 자신의 영역에 갇힐 때, 그 영역 안에서 아무리 뛰어난 존재라 해도 한 사람의 인간 자체로서는 어린애 같은 모습을 보이게 된다. 그것은 자신의 영역을 제외한 다른 영역에서는 고등학교/

---

* 따라서 상품의 판매에 있어서만이 아니라 인식에 있어서도 "salto mortale(목숨을 건 도약)"는 작동한다. 그 구체적인 양상은 매우 다르겠지만.

대학교 수준에서 그대로 멈춰 버리기 때문, 아니 더 정확히 말해 오히려 퇴화해 버리기 때문이다. 이들이 과학자든 예술가든 다른 어떤 사람이든, 이들이 40대이든 50대이든, 이들의 대화 내용은 (그들의 전문 분야를 예외로 한다면) 늘 중고생 수준에서 이루어진다. 현대사회란 이런 **전문가-어린애들**을 양산해 내는 사회이다.

진정한 정체성을 만들어 간다는 것은 지식의 문제가 아니라 지혜의 문제이다. 이는 곧 인식론적-존재론적 우와 윤리학적 우로부터의 탈주이다. 철학에서 문제가 되는 것은 **무지나 무식이 아니라 어리석음**이다. 어리석음이란 어떤 사실을 '모르는' 것(무지)이나 말과 행위에서의 난폭함(무식)이 아니라 **철학적 요점을 빗맞히는 데에서** 유래한다. 무지하지 않기도 또 무식하지 않기도 어렵지만, 어리석지 않기는 특히 어렵다. 철학적 요점을 이해하는 것 자체가 매우 어렵기 때문이다. 빼어난 아니 위대하다고까지 할 수 있는 학자들에게서도 철학적 어리석음은 자주 발견된다. 진정한 주체성/정체성을 만들어 나가는 것은 인식론적-존재론적으로나 윤리학적으로나 어리석음을 극복하는 과정이다.

인간은 자신이 주체성의 한가운데에 있다고 생각할 때 종종 **선험적 착각에 빠지곤 한다.*** 왜일까? 자신이 주체성(대상의 정복)

---

* 선험적 착각(transcendental illusion)이란 개별적인 경험적 각각이 아니라 경험들을 가능케 해주는 조건들에 대한 근본적 착각이다. 그것은 철학적 어리석음과 관련된다.

한가운데에 있노라고, 드디어 '진리'에 도달했노라고 확신할 때, 그는 객체성과 부딪치는 과정, 그 역동적인 과정을 사상해 버리고 있는 것에 불과하기 때문이다. 바로 그렇기 때문에 이런 식의 인식론적 어리석음은 그 부딪치는 대목에서 세계에 대해서만이 아니라 타인들에 대해서도 일방적이고 심지어 폭력적인 성향을 드러내게 된다. 우리는 이런 모습을 종교에서 전형적으로 확인하게 된다. 자신이 이미 진리에 도달했노라고 생각하는 주체에게는 바깥에서 자꾸 부딪쳐 오는 타자성은 자신의 동일성을 깨는 존재로밖에는 여겨질 수 없는 것이다. 종교——특히 유대교, 기독교, 이슬람교 등 지중해세계의 동방에서 탄생한 일신교들——에서 유래한, 인류의 역사를 수놓아 온 숱한 비극들은 바로 이런 인식론적-심리학적 구조에서 연원한다.

이보다 좀더 교활한 형태는 자신이 이미 '진리'에 도달했다고 생각했으면서도 그것을 **속으로 숨기고** 겉으로는 (자신의 진리와 맞지 않는) 이런저런 사상들을 공부하는 척하는 경우이다. 겉으로는 타자성을 배제하지 않는 '지식인', '교수', '학자'로 행동하면서 속으로는 늘 별도의 진리에 고착되어 있는 이런 인간의 논리는 다음과 같은 것이다: "내가 이기면 승부는 나게 된다. 하지만 내가 질 경우에는 계속 다시 한다."

주체성이란 어떤 실체/본질도 상태도 아니다. 그것은 객체성과 마주쳐 가면서 생성하는 **선상**線上**에서** 생성해 가는 무엇이다.

그런 역동적인 선상에서 객체성과 만나고 그런 만남을 통해서 스스로의 인식을 해체/재구성해 갈 때에만 철학적 어리석음을 벗어날 수 있고 진정한 인식을 다져 나갈 수 있다. 이렇게 역동적으로 형성되어 가는 선상에서 이루어지는 뫼비우스적 구조는 단순히 평행을 달리는 이율배반이 아닐 뿐만 아니라 (앞에서 말했듯이) 더 이상 공간적-구조적 이율배반도 아니다. 그것은 시간의 지평 위에서 이루어지는 역동적인 구조——생성하는 불일이불이^{不一}^{而不二}——인 것이다.

이런 주체 즉 선상에서 성숙해 가는 주체성 개념은 타인들과의 관련성에 있어 더욱 중요하다. 시간 속에서 변이해 가는 뫼비우스적 이율배반 구조에서 주체는 규정되는 존재인 동시에 규정에 대해 능동적으로 대처해 나가는 존재이다. 규정되는 주체는 일정한 장^場——거칠게 일반화해, 생물학적 법칙성과 이름-자리의 체계——에서 살아가는 존재이고, 규정하는 주체는 그 장 안에서 자기를 만들어 가는 존재이다. 장 안에서 살아가는 주체는 관계들의 체계 안에서 일정한 이름-자리(일정한 종^種의 성원으로서 그리고 일정한 지위^{地位}의 성원으로서 가지는 이름-자리)를 점한다. 자기를 만들어 가는 주체는 자신의 이름-자리를 스스로 만들어 가려 한다. 주체-되기*는 곧 이름-자리와의 투쟁, 술어적 주체와의

---

* 이하 주체-되기 또는 '주체-화'는 '주체화'와 구분해서 생성론적 뉘앙스가 보다 강화된 개념으로 사용한다

투쟁을 통해서 이루어진다. 이것이 (말년의 푸코가 사유했던 주제이기도 한) 자기-만들기이다. 그러나 자기를 만듦도 장 안에서 가능하기에 역시 관계의 문제이다.

관계를 떠난 순수 내면적 자기-만듦은 대개 허구적인 만듦에 불과하다. 그것은 주체-화의 선상을 따라 이루어지는 자기-만들기가 아니라 허구적 주체성에 침잠하는 **상상적** 만듦일 뿐이다. **실재적인** 자기-만들기가 중요하다. 그러나 실재적인 자기-만들기는 늘 쉽지 않다. 타인이란 늘 힘겨운 존재이다. 눈길은 이 힘겨움을 드러내는 곳이다. 사회적 장 안에서의 나=자기는 시선들의 교차로에 존재한다. 사람들이 던지는 눈길들은 일정한 이름-자리에 위치하는 나에게 던지는 눈길들이다. 나에게 붙어 있는 규정성들 하나하나는 타인들의 눈길 하나하나를 함축한다. 사회적 장 안에서의 나는 그런 눈길들의 총체가 결집되는 그 무엇이다. 스스로를 만들어 가는 나는 그런 눈길들로, 술어적 주체로 환원되지 않는 고유의 공간을 마련하는 나(**소요하는 나**), 또는 그런 눈길들과 실제 투쟁하고 그것들을 변화시키려 행위하는 나(**투쟁하는 나**)이다. 전자는 그물코들에 속하지 않는 사각지대에 숨는 나이고, 후자는 그물코들의 구조를 바꾸어 가는 나이다. 그러나 소요에만 빠져 있는 나는 선상에서 성숙해 가는 나가 아니기에 결국 허구적인/상상적인 나에 그치며, 투쟁의 과정에서 자기도 모르게 객체화되는 나는 그물코를 바꾼다면서 스스로 그물코 구조에 흡수해 들어가는 얄궂은 나에 불과하다.* 전자는 대부분의 현대인들에게서 볼 수 있다. 현실을 회피하려는 이들은 오직 자신의 이해利害에 관련되는 것들만이 '현실'reality이라고 생각하며 세상 모든 모순들로부터 눈을 돌린다. 그래서 이들이 고민하는 것, 이야기하는 것은 이런 모순들이 완벽히 제거된 (상상적인 세상에서의) 주제들이다. 음식 이야기, 골프 이야기, 영화 이야기, 옷 이야기…… 등등. 그리고 나아가 이보다 더욱더 **마이크로한 갖가지 이야기들**만이 이들의 주제이며 "분위기가 심각해지는" 이야기는 금물이다. 경우에 따라서 이런 사회적 분위기를 상상적으로 극복하려는 시도들, 대중문화를 통해 표출되는 비현실적인 전복들(할리우드의 영웅 이야기, 딴따라식의 반항들 등등)이 나타나기도 한다.

후자는 세상의 모순을 타파한다면서 자신의 권력에의 의지를 그럴 듯한 언어로 포장하는 자들에게서 발견된다. 이들은 아름답고 거창한 어휘들을 구사하지만, 사실 이들이 우선 극복해야할 것은 타인을 의식하고 질시하고 험담하는 마음, '전공'에 대한 집착, 쓸데없는 우월감과 열등의식, 작은 차이들에 집착하는 아집, 세상에 대한 건강하지 못한 앙심(스스로는 그것을 '비판'이라 부르지만)…… 등이다. 이들은 매우 큰 이야기들을 떠들지만 그들

---

* 헤겔은 전자를 "동물로의 회귀"로 후자를 "스노비즘"[속물주의]으로 불렀다. 다음을 보라. 아즈마 히로키, 『동물화하는 포스트모던』, 이은미 옮김, 문학동네, 2007.

이 우선 극복해야 할 것은 '출신학교'와 '전공'과 이른바 '지명도'를 둘러싼 경쟁심/질시심이다.

전자의 경우가 소소한 것들의 바깥을 보지 않으려 하는 단순 세포들과 같은 사람들이라면, 후자의 경우는 오히려 소소한(그러나 결코 소소한 것이 아닌!) 측면들조차도 소화해 내지 못했으면서 그보다 훨씬 더 큰 이야기를 떠드는 모순된/위선된 사람들이다. 전자는 소요가 아니라 도피에 불과하며, 후자는 투쟁이 아니라 권력에의 의지에 불과하다. 소요는 투쟁으로 근접해 갈 때에만 **실재적** 주체-화가 될 수 있고, 투쟁은 소요에 근접해 갈 때에만 **진정한** 투쟁일 수 있다. 이 점에서 소요와 투쟁은 다시 또 다른 측면에서의, 메타적인 맥락에서의 뫼비우스적 양면을 형성하면서 나를 구성한다.

주체는 '나'에 대한 아집을 가진다. 아집我執이 주체성의 근본 성향이다. 그러나 어떤 주체도 관계 속에서 살아가야 한다면, 아집이란 사실상 관계들에 대한 아집이다. 관계 속에서의 나는 곧 이름-자리이고, 따라서 아집은 기본적으로 이름-자리를 둘러싸고서 성립한다. 사람들은 사회 속에서 더 인정받는 이름-자리를 얻기 위해 애쓴다. 그럴듯한 이름-자리를 얻고서 의기양양해 하는 사람들도 있고 얻지 못해 열등의식의 포로가 되는 사람들도 있지만, 그 모두가 아집에 빠져 규정성들을 둘러싼 싸움을 벌이는 것은 마찬가지이다. 그러나 사회적 장에서 생존해야 하는 한 그 누구도 이런 싸움에서 온전히 벗어날 수가 없다.

주체-화의 선상에서 생성하는 주체는 이런 규정성들의 체계 즉 'doxa'에서 벗어나는 'para-doxa', 사회적 통념의 체계인 'sens'에서 벗어나는 'non-sens'를 살아가는 주체이다. 그러나 여기에서 'para'는 단순한 평행도 공간적인 구조도 아닌 생성하는 선상에서 역동적으로 이루어져 가는 'para'이며, 또 'non'은 단순한 부정도 또 무의미한 부재도 아닌 새로운 의미의 잠재성으로서의 'non'이다. 이 '파라'-독사와 '농'-상스의 선상을 따라가면서 소요와 투쟁의 끝없는 'dialegesthai'(변증법적 운동)를 살아가는 주체, 그런 주체가 진정한 주체일 것이다. 물론 스피노자의 말처럼 이런 주체-되기는 어렵고 또 드물다("Sed omnia praeclara tam difficilia, quam rara sunt").

인식론적 역운(逆運)

진리가 오류로 둔갑할 때
역운의 극한

•인식론적 역운(逆運)

술어적 주체를 넘어 주체-되기를 행할 때, 계속 변이해 가는 뫼비우스적 이율배반의 선상에서 성숙해 가는 주체-되기를 행할 때, 핵심적인 문제들 중 하나는 인식이다. 생성하면서 성숙해 가는 주체는 겪음으로써 성숙해 가는("pathei mathos") 주체이며, 이 겪음에 있어 중요한 한 양상은 **인식**에 있기 때문이다. 인식이란 겪음의, 삶의 한 요소이지만, 그것은 매우 중요한 요소여서 어떤 철학자들은 그것을 철학의 핵심 문제로 보기도 한다.

주체-화에서의 인식을 논할 때 우리가 초점을 맞추는 것은 인식론이 아니라 오히려 주체론(더 정확히 표현해 주체-화-론)이다. 즉 문제가 되는 것은 진리와 오류의 실체론적 구분이 아니라, **진리가 오류로 화**⁽ᵗ⁾**하고 오류가 진리로 화하는** 생성 과정(과 그것이 함축하는 주체의 생성 과정)이다.* 논의했듯이, 변이해 가는** 이율배반적 구조의 선상에서 생성하는 주체는 곧 인식상의 변이를 겪는 주체이기도 하고 또 진리와 오류가 갈라지기도 하고 뒤바뀌기도 하는 (그 자체 생성하는) 선상에서 살아가는 주체이기도 하다. 특히 여기에서 이야기하려는 것은 진리가 오류로 화하는 과정, 즉 '역운'逆運의 과정이다.

진리가 오류로 둔갑할 때

인식이란 본래 순수한 것도 고상한 것도 아니다. 원초적인 맥락에서의 인식이란 생물학적인 것이며 생존경쟁의 한 요소로서 작동한다. 인식하는 자는 주체가 되고 인식의 대상이 되는 자는 객체가 되며, 때문에 인식이란 "먹느냐 먹히느냐"라는 생물학적 현

---

* 칸트는 '진리의 논리학'과 '가상의 논리학'을 구분함으로써 인식론적 선을 그었고, 그런 균열에서 생겨난 문제들을 해결하기 위해 두 권의 책을 더 써야 했다. 이런 인식론적 구조는 동시에 주체론적 구조라고도 할 수 있으며, 따라서 문제는 이런 구도에서 귀결한 주체는 여러 부품들을 모아서 조립해 놓은 꼴을 하고 있다는 점이다. 우리에게 필요한 것은 이런 **조립된** 주체로부터 **선상에서 성숙해 가는** 주체로의 이행이다.

** 변이(variation)는 탄생과 소멸이 아니며(무엇인가가 지속되면서 바뀌어 간다는 점에서), 또 양적 증감, 질적 변화, 장소 이동과도 다르다. 변이는 질적인 변화도 포함한다는 점에서 양적 증감과 다르며, 공간적인 영토화/탈영토화를 포함한다는 점에서 질적 변화와도 구분되며, 단순한 공간적 이동이 아니라 내용상의 변화를 동반한다는 점에서 장소 이동과도 다르다. 변이('연속적 변이')는 하나의 장──질적 다양체(qualitative multiplicity)──이 유지되면서도 영토화/탈영토화 운동을 통해 그 내용이 바뀌어 가는 운동을 말하며, 우리의 맥락에 적절한 개념이라고 할 수 있다. 이하 생성이라는 포괄적인 개념 대신 변이라는 개념을 사용할 것이다.

실의 인식론적 버전, 즉 "인식하느냐 인식당하느냐"의 싸움이라고 할 수 있다. 원초적인 맥락에서의 인식이란 결국 주체화와 객체화의 투쟁인 것이다.

개구리는 자기 앞에서 기어가는 개미를, 뱀은 개미를 노리는 개구리를, 하늘의 독수리는 저 아래에 기어가는 뱀을, 포수는 독수리를…… 인식한다. 인식하는 자는 죽이고 인식당하는 자는 죽는 것이다. 인식이란 본래 이렇게 사느냐 죽느냐의 문제이다. **인식**이란 주체, 의식, 언어, 수학, 현미경, 추론…… 등의 문제이기 이전에 근본적으로 **생명의 문제**이다.[*] 주체가 될 것이냐 객체가 될 것이냐, 이것이 인식의 원초적 상황인 것이다. 그래서 본래 '오류'란 주체인 줄 알았던 존재가 어느 사이에 객체로 둔갑하게 되는 상황을 뜻한다. 오류란 상대를 잘못 인식했을 때 그것이 곧 자신의 상해(傷害)를 뜻하는 심각한 상황을 함축하는 것이다. 오류의 상황에서, 주체는 자신이 객체화한 대상에 의해 결국 스스로 객체화된다. 주체-화는 이렇게 늘 그 등 뒤에 객체-화의 그림자를 달고 있다. 오류의 경우, 객체화된 대상은 자신을 객체화한 주체

---

[*] 이 점은 니체에 의해 날카롭게 지적되었으며, 베르그송에 의해 비로소 체계적으로 전개되기에 이른다. 베르그송이 『창조적 진화』에서 이룩한 사유 혁명은 철학의 역사에서 가장 급진적인 혁명들 중 하나이다. 니체와 베르그송에 대한 피어슨의 빼어난 연구를 참조하라. 『미분적 생명』(최승현 옮김, 그린비, 2010 출간 예정), 『철학과 잠재적인 것의 모험』(정보람 옮김, 그린비, 2010 출간 예정).

에게 그 그림자를 돌려 준다. 변이해 가는 이율배반의 선상에서 살아간다는 것은 이렇게 인식을 둘러싼 투쟁의 장, 주체화와 객체화의 전선戰線에서 살아간다는 것을 뜻한다.

이는 물론 사회적 상황에서도 마찬가지로 성립한다. 사회 역시 (생물학의 대상에 국한되지 않는 넓은 의미에서의) 생명의 한 형식——그러나 물론 독자적이고 독특한 방식——에 다름 아니기 때문이다. 그러나 문제는 이런 생물학적-사회학적 수준을 넘어서는 인식들, 고전적인 철학자들이 '순수 이성'의 성과라 불렀던 인식들의 성격이다. 이 순수 이성의 성과들은 플라톤 이래의 형이상학과 근대에 이루어진 과학적 탐구들에서 전형적으로 나타난다. 그러나 우리는 이런 성과들이 가져온 문제들에, 나아가 그 문제들을 다룬 담론들에까지 이미 익숙하다. 전통 형이상학과 근대 과학의 인식이 드러낸 새로운 성격, 진리가 오류로 둔갑한 사건——이는 인류 역사상 가장 근본적인 둔갑들 중 히나다**——은 **인식론적 역운**의 두드러진 예이다.

인류가 지각과 본능의 수준을 넘어 사물들을 인식하고 조작하는 단계에 이르렀을 때, 그 결정적인 단계로서 자신의 **논리공**

** 다른 두 가지의 결정적인 둔갑이 더 존재한다. 그 하나는 물질적 풍요를 가져다준다고 믿었던 자본주의가 거대한 불평등과 착취의 체계로 둔갑한 것이고, 또 하나는 역사의 행복한 종말로 믿어졌던 민주주의/대중사회가 거대한 어리석음과 천박함의 도가니로 둔갑한 것이다.

간/**추상공간** 안에 사물들을 표상해 기하학적으로 변형할 수 있기에 이르렀다. 그렇게 함으로써 인간주체는 사물들을 객체화하며 스스로를 **조작적 주체**로서 세웠다. 인간은 조작하는 존재가 된 것이다. 그러나 이렇게 조작된 객체가 이내 주체를 객체화하는 존재로 화한다. 객체성이 그것을 조작한 주체를 오히려 위협할 때 진리로부터 오류로의 둔갑이 일어나며, 자신이 인식/조작한 산물에 의해 조작자가 지배당하는 **인식론적 역운**이 일어난다. 이 역운이 일어나는 선상을 따라서 뒤집어진 주체성/객체성의 동적 이율배반의 운동이 이루어진다. '근대 문명'이란 이런 이율배반적 운동의 지도리들로 이루어져 왔다.

인간이 기계를 만들어 내면 그 기계들이 이내 인간을 지배한다. 오늘날의 기술문명은 객체-화에서 주체-화로 전환하곤 하는 기계문명의 역습을 유난히 선명하게 보여 준다. 새로운 기술이 생겨날 때마다 인간은 그 기술을 통해 주체화되지만 이내 자기도 모르게 객체화된다. 전화가 생겨난 후부터 사람들은 좀체 편지를 쓰지 않는다. 자동차가 생긴 후부터 사람들은 좀체 걷지 않는다. 계산기는 계산 능력을 떨어뜨리고, 타자기는 글쓰기 능력을 떨어뜨렸다. 편의를 위해 기계들을 개발해 낼수록 인간은 점점 기계들의 그물에 낚인 고기가 되어 간다. 최근에 와서 이런 흐름에 하나의 결정적인 지도리가 도래했다. '디지털'이라는 이름을 가진 이 지도리는 정보 조작의 극한적 형태를 가능케 했고, 다양한 형태로 도래한 복제 기술은 사물들의 존재론 그 자체를 뒤흔들고 있다. 이제 기술문명은 삶의 외적인 측면들에만이 아니라 사유, 감정, 무의식, 욕망 등 내적인 측면들에까지 스며들고 있다. 이는 인식론적 역운의 최신 형태라 할 수 있다.

정보를 통한 세계의 객체화와 그렇게 형성된 객체성에 의한 주체의 객체화에 있어 가장 극단적인 경우는, 물론 아직은 상상적인 이야기이지만, 인간이 자신의 생각/마음을 객체화함으로써 다시 정보망의 객체로 전락하는 경우일 것이다.* 이때 인간은 '전뇌화'電腦化라는 객체화를 통해서 스스로 정보의 바다 위에서 객체화되는 역운, 그리고 객체화된 대상 자체가 외적 대상이 아니라 인간 자신의 내면이기에 결국 자신의 내면을 객체화해야 하는 역운을 만나게 된다. 인간이 빛나는 승리를 자축하고 있을 때 **이미** 기술은 인간에게 들이밀 칼날을 준비하고 있다. 기술이 함축하는 미래에는 등을 돌린 채 새로운 기술——기술은 **오직 새로울 때에**

---

* 「공각기동대」는 "ghost in the shell"이라는 현대 데카르트주의, 그리고 전뇌화된 세계를 묘사한다. 전뇌화된 사이보그들은 외적인 정보를 자유로이 객체화하지만 그런 객체화를 통해서 결국 스스로의 마음을 객체화하게 된다. "고스트 해킹"을 통해 남의 마음속의 정보를 뺏고 빼앗기는 상황이 연출된다. 한 '인간'의 정체성은 고스트를 통해 성립하며, 고스트를 비트들의 집합체로 보는 한에서(물론 이는 하나의 상상이다) 비트들의 운동 가운데로부터 하나의 '생명체'(그러나 신체 없는 생명체)가 탄생할 수 있다는 가설을 배제할 수 없다. 그래서 스스로에 대해 "나는 정보의 바다에서 태어난 생명체"라고 주장하는 인형사(puppet master)는 이렇게 말한다: "기억을 외재화했을 때 생겨날 결과를 너희 인간들은 좀더 생각했어야 했어."

만[*] 대중을 매료시키고 자본을 증식시킨다──을 만들어 내는 데 여념 없는 자본가-기술가 집단, 이를 대중들의 의식/무의식에 심어 놓는 대중문화는 인식론적 역운의 비극성을 더욱 심각하게 증폭시켜 간다.

인식론적 역운은 특히 순수 인식에 이르러 그 얄궂은 성격을 두드러지게 드러낸다. 인간은 대상을 개념의 수준에서 인식할 수 있는 특권을 누리지만, 주체가 만들어 낸 개념들은 그것들을 물신화物神化하는 주체들을 지배한다. 자연을 기의 취산聚散으로, 원자들의 이합집산으로, 절대자의 섭리의 구현으로…… 개념화할 때, 그러한 개념화가 실체화되는 순간 주체는 자신이 만들어 낸 그물에 스스로를 옭아매게 된다. 역사를 이상향의 퇴락으로, 유토피아를 향한 진보로, 오행五行의 순환 과정으로…… 개념화할 때, 그런 세계들 안에서 이루어지는 주체들의 행위는 그러한 틀 내에서만 의미를 부여받는다. 인간은 세계를 개념화함으로써 스스로를 주체화하지만 그런 개념화를 실체화할 때 이내 그 개념들의 울타리에 갇히게 되는 것이다.[**]

---

[*] 내가 본 한 전자오락실의 유리창에는 "전뇌화된 세계 속에서 자신을 즐기자!"라고 쓰여 있었다(이 글을 쓴 사람은 '자신'이라는 말을 신중하게 생각해 보지 않았겠지만). 훗날 전뇌화된 수준의 전쟁이 발생한다면(걸프전은 이미 이 가능성을 예고했다) 사람들은 전자오락실에서 익혔던 인식과 감성을 유감 없이 써먹지 않을까. 기술과 운명의 집요한 연쇄를 소름끼칠 정도로 선명하게 보여 주는 구절이 아닌가.

인간은 자신이 만들어 낸 의미를 통해서 스스로를 주체화한 것으로 착각하지만 결국 그 의미에 의해 객체화되곤 한다. 의미는 주체가 대상에게 던지는 빛이지만, 동시에 다시 주체에게 되돌아와 형성되는 그림자이기도 하다. 이렇게 주체-화와 객체-화의 이율배반적 놀이는 인간의 자기이해에서 절정에 달하게 된다. 이는 다음과 같이 삼단논법적 구조를 가진다.

1) 세계는 X이다.
2) 인간은 세계의 한 부분이다.
3) 고로 인간 역시 X이다.

앞에서 말했듯이, 인식론적 우와 존재론적 우를 범하는 주체는 1)에서 2)로 쉽게 넘어가고 또 2)에서 3)으로 쉽게 넘어감으로써 철학적 어리석음 속에 빠져들어 간다.

인식은 본래 어떤 집단의 문제이지만 그 결과는 이내 다른 사람들에게 영향을 끼친다. 특히 물질적 변화를 동반하는 조작적 인식의 경우 이런 영향은 두드러지며 강요의 성격을 띠게 된다.

** 이는 철학의 초보자들에게서 흔히 나타나는 경향이기도 하다. 어떤 개념——예컨대 몸——을 하나 잡아 그것을 **물신화함으로써** 모든 것을 그것으로 환원시키려는 것을 '철학'(실소를 자아내는 철학)으로 착각하는 경우가 그것이다. 이런 경향은 철학의 초보자가 어떤 특정한 인물을 '진리'로 우상화하는 경우에서도 마찬가지로 드러난다.

기술적 변화는 모든 사람들의 승인을 통해서 발생하는 것이 아니다. 어느 날 갑자기 "디지털 사회가 도래했다", "게놈 프로젝트가 완성에 가까워졌다" 같은 말들이 신문을 장식하고, 사람들은 "세상이 변하는구나" 하고 생각한다. 이런 변화를 기획했던 자본주의적-기술적 주체들은 **다른 주체들을 객체화해** 그들의 프로젝트에 복속시키려 한다. 이런 기도는 특히 TV, 신문, 영상, 인터넷을 비롯한 대중매체와 대중문화*를 동원해 이루어진다. 다른 주체들은 이런 객체화에 복속되거나 일정 정도 저항한다.

이런 일은 상당히 이론적인 수준을 갖춘 인식의 경우에서도 발생한다. 예컨대 진화론은 생명체에 관한 담론이지만, 그 자신 생명체인 인간이라는 존재에 새로운 의미를 던진다. 진화론을 받아들인 사람들은 자신들의 세계관과 가치관을 총체적으로 수정한다. 진화론을 거부하는 사람들은 이 담론에 대해 일정한 부정적 태도를 취한다. 세계관과 가치관을 둘러싼 "신들의 전쟁"(막스 베버)이 시작된다. 인식이란 만인의 지평에서가 아니라 특정 집

---

* 다른 곳에서도 여러 번 말했지만, 나는 '대중문화'를 어떤 분야/장르를 가리키는 말이 아니라 문화가 만들어지고 전파되고 소비되는 특정한 양태를 가리키는 말로서 사용한다. 실험영화들은 대중문화가 아니지만 『일주일 만에 읽는 칸트』나 「날아라, 아인슈타인!」 등은 대중문화이다.
대중매체와 대중문화는 대개의 경우 인식을 왜곡시킨다. 진정으로 뛰어난 책이 신문 서평란의 첫머리를 장식하는 경우는 드물다. 의학(더 정확히는 병원)을 주제로 한 드라마는 수시로 만들어지지만 생물학(자들)을 주제로 한 드라마는 보기 드물다. 영화 속의 과학은 대개 엉터리이다. 철학은 한 개인의 인생관/가치관으로 둔갑한다.

단에 의해 이뤄지며, 그렇게 이뤄진 이후의 과정은 인식론적 과정이기보다 사회학적 과정이다(후자의 과정에는 대중매체와 대중문화가 중요한 역할을 한다). 그 특정 집단이 아닌 사람들에게 인식이란 어느 날 갑자기 도래한 사건으로서 삶의 지평에 떨어진다.

역운의 극한

한 집단=‘우리’가 던지는 프로젝트는 타인들을 객체화하기 위한 그물과도 같다. 수많은 ‘우리’들은 서로의 그물을 던짐으로써 주체화되고 또 다른 그물들에 의해 객체화된다. 자본가들은 세계를 그들의 돈벌이를 위한 장으로 만들기 위해, 기독교도들은 세계를 기독교화하기 위해, 기술자들은 세계를 그들의 기술이 적용되는 곳으로 만들기 위해, 대중문화는 세계를 대중화하기 위해…… 프로젝트를 던지며, 그런 프로젝트들은 사회를 객체화하기 위해 사회 위에 떨어진다. 사회란 이런 객체화를 시도하는 주체들의 갈등의 장이며, 타자들을 객체화하려는 이런 시도들이 복잡하게 얽혀 돌아가는 장이다.

근대가 도래한 이후에 우리는 이런 흐름에서 유난히 강력한 힘을 발휘해 온 갈래들을 발견하게 된다. 푸코는 이 과정을 ‘지식-권력’의 구도로 파헤쳐 주었으나, 그의 저작들에서 자본주의와 기술 그리고 대중문화에 대한 분석을 찾기는 의외로 힘들다.

오늘날의 인식은 지식-권력 외에도 자본주의, 기술, 대중문화를 포함한 이 사각의 링에서 역운을 맞이하고 있는 것으로 보인다. 오늘날 관리사회에서의 인식이란 이 사각의 링 안에서 기획·양산·판매·소비되고 있다. 근대성의 극한에서 우리는 또한 인식론적 역운의 극한을 본다.[10]

　하나의 인식, 예컨대 인간에 대한 인식이 도래할 때 인간이라는 존재는 그렇게 제시된 인식-틀로 **환원되곤** 해왔다. 오늘날의 '게놈 프로젝트'와 이에 기반한 유전자주의는 이런 구도를 선명하게 보여 준다. 이런 기획과 이론을 제시하는 사람들은 특정한 주체들이지만, 이런 이론과 기획이 사회로 스며들면 이제 인간은 유전자로 환원되기 시작하며 한 인간이 현세계에서 나타내는 형질들은 유전자가 빚어 내는 효과들일 뿐인 것으로 이해되기 시작한다. 그리고 이런 생각은 이내 한 인간의 생물학적 형질을 넘어 그의 모든 측면에까지 확대되기에 이른다. 그리고 어떤 인식이 한번 흐름을 타게 되면 갑자기 그리고 우르르 몰려드는 대중매체와 대중문화에 의해 난리법석이 일어나곤 한다.*

---

* 이런 난리법석은 **인식론적 공해**를 불러일으킨다. 공기에서의 공해, 쓰레기의 공해를 비롯해 숱한 형태의 공해들이 우리 삶을 뒤덮고 있지만, 인식론적 공해는 그다지 주목받지 못한다. 감성적 확인이 어려운 대상은 사람들의 시선에 좀처럼 포착되지 않기 때문이다. 그러나 현대인은 다른 공해들 못지않게 거대하고 탁한 인식론적 공해 속에서 살아가고 있다.

학문적 인식이란 그 여러 가지 맥락을 잠시 접어 두고 본다면 그 자체로서는 중성적이고 순수한 것이다. 그러나 그 자체로서 중성적인 것도 이내 특정한 이익을 꾀하는 세력에 의해 전유專有된다. 소스타인 베블런은 자본주의란 부를 창출하는 시스템이 아니라 사회 공용의 부를 전유하는 기법이라는 점을 밝힌 바 있다.** 그래서 그 자체로서는 순수한 인식도 어느새 그것으로 이익을 얻으려는 세력들에 의해 **이익 창출**의 도구로 화해 버린다(오늘날 한국사회에 끝도 없이 널려 있는 교회들을 생각해 보라). 학문도 예술도 종교도 어느새 자본, 권력, 기술, 대중문화로 이루어진 사각의 링에 포위되어 버린다. 그래서, 우리의 예를 다시 든다면, 생물학적 이론을 넘어 유전자 조작과 그 상품화, 국가적 통제가 등장하게 된다. 19세기 훈육사회의 대표적인 부산물인 IQ 검사가 21세기에는 유전자 검사로 대체되고, '바이오벤처'들은 한 인간의 유전자를 '샘플링'해 용기에 넣어서 '데이터베이스'화한다. 한 인간의 생물학적 정체성이 용기에 포장되어 'QYT072009'와 같은 식의 기호를 부여받는다. 미국은 전과자 12만 명 이상의 유전

** 베블런의 핵심적인 통찰은 이른바 '자본의 생산성'이란 ①사회 공동체 전체가 생산의 수단과 방법에 대해 공유하는 지식과 ②그 지식을 자기 것으로 전유하고 그것을 기반으로 사회 전체를 지배하는 자본가의 권력이라는 두 요소를 구분하지 않고 뭉뚱그려 놓고 있는 개념이라는 점을 밝힌 데에 있다(베블런, 『자본의 본성에 관하여 외』, 홍기빈 옮김, 책세상, 2009, 142쪽). 자본주의의 알맹이는 생산이 아니라 생산물의 전유에 있다는 점을 밝힌 것이 베블런의 중요한 통찰이다.

정보를 데이터베이스화한 CODIS^{Combined DNA Index System}*를 세웠고, 마침내 아이슬란드는 전 국민의 유전정보를 데이터베이스화하고 있다. 생명산업과 생체권력은 상상을 초월한 방향으로 치닫고 있는 것이다.

이제 한 인간의 생물학적 정체성은 실험되고 조작되고 판매되고 유통되는 상품이 되었다. 생명의 전유와 조작이 장기의 판매와는 비교할 수 없는 수준에 도달한 것이다. 한 인간의 유전정보가 무책임하게 유출되었을 때 일어날 일들, 정부나 기업에서 한 인간의 유전정보를 쥐고서 통제할 때 일어날 일들, 부모들이 더 잘 생기고 똑똑한 자식을 가지겠다고 집착할 때 일어날 일들, 한 가족 성원의 유전정보 유출이 다른 성원들에게 끼칠 영향, 길거리에 머리카락만 떨어뜨려도 누구인지 확인되는 완벽한 관리사회의 도래, 이 모든 상황들이 하나의 새로운 인식을 제시한 특정 주체들에 의해 다른 주체들이 그리고 결국 그 특정 주체들까지 철저하게 객체화되는 비극을 예고하고 있다. 사람들은 성형수술을 하듯이 자신의 유전자를 고치려 할 것이고, 과학자들은 미래의 비극을 외면한 채 오로지 경쟁 상대자들만을 겨냥하면서 밤을 샐 것이고, 기업과 정부는 유전정보를 활용해 부와 권력을 더욱 강화할 것이다. 주체의 인식이 그를 객체화하는 상황이 이렇

---

* 이는 2000년의 자료이다.

게 극단화되는 경우가 또 있었을까.

인간은 세계를 인식함으로써 그리고 그 인식을 사용해 세계를 조작함으로써 주체가 된다. 그러나 그렇게 객체화된 세계는 인간에게 낯선 주체/타자로서 반격해 오며 이번에는 인간주체를 객체화한다. 오늘날의 인간은 자신이 만들어 낸 기계적-자본주의적 관리사회의 환경에 갇힌 물고기가 되었다. 인간의 주체-화는 단순한 생성이 아니라 오히려 이런 주체화와 객체화를 둘러싼 사건들로 이루어진다. 이것이 인간이란 '역사'를 살아가는 존재라는 사실의 근본 의미이며, 이 의미를 구성하는 핵심적인 한 요소가 인식의 문제일 것이다.

그러나 지금까지 논했듯이, '인간'이라는 일반명사가 사태를 호도할 수 있다는 점을 다시 한번 기억하자. 이런 변화를 모든 주체들이 원했던 것인가? 특정한 주체들이 그렇게 만들어 왔던 것은 아닌가? 어떤 주체들이 일정한 객체화를 통해 스스로를 주체화할 때, 다른 사람들은 그 주체화의 그늘 아래에서 객체화된다. 그래서 인식론적 역운 자체는 인식론적 문제가 아니라 그 근본에서는 윤리학적 문제가 아닌가. 그것은 근본적으로 타자의 문제가 아닌가. 윤리의 문제, 타자의 문제는 주체-화라는 생성 과정에서 나타나는 주체화와 객체화의 과정, 능동과 수동의 과정, 정체성 만들기의 과정과 뗄 수 없이 얽혀 있다.

타자-되기

주체화를 둘러싼 투쟁
거대 주체를 무너뜨리기
타자 없는 주체
타자-되기

•타자-되기

'나'는 자기의 규정을 통해서 성립한다. 그러나 극히 내밀한 차원을 제외한다면 대부분의 '나'는 '우리'로서 존재한다. 생성의 관점을 다시 생각한다면, 나-되기는 곧 숱한 우리-되기의 총체이다. 나는 남자이고 학생이고 강남에 살고 불교도이고…… 이다. 이렇게 '나'라는 주어의 술어에 들어가는 규정성들은 대부분 집합적이다. 더 나아가 나는 베토벤을 좋아하고, 보라색 머리를 좋아하고, 할리우드 영화를 좋아하고…… 한다. 이때의 술어에 들어가는 내용들도 대부분 집합적이다. 앞에서 논의했듯이, '나'는 늘 수많은 '우리'들의 교차로에 서 있게 된다.

술어적 주체의 개념이 지배하는 현실에서, 무수한 '나'들이 맺는 관계는 사실상 무수한 '우리'들이 맺는 관계이다. 그래서 '나'는 술어적 주체의 그물망 속에서 끝없이 객체화된다. 수많은 '우리'들은 **서로를 객체화**한다.

x는 베토벤을 좋아한다.

베토벤을 좋아하는 사람들은 이상주의자들이다.

그러므로 x는 이상주의자(일 것)이다.

'나' 자신도 이렇게 타인들을 객체화한다. 그래서 주체화와 객체화의 눈길-놀이는 계속되며, 이런 상호적인 눈길-놀이가 주체-화와 객체-화 과정의 핵심 요소를 이룬다.[*] 주체화는 곧 그 뒤에 객체화의 그림자를 달고 다니게 된다. 주체-화란 이렇게 능동이자 수동의 과정이며, 나-되기이자 (나 자신으로부터) 남-되기의 과정이다. 주체란 이렇게 주체-화와 객체-화가 계속 갈라지는 경계선상에서 살아가면서, 그 갈라짐의 지도리들을 내면화하는 **이중체**이다.

주체화를 둘러싼 투쟁

주체화는 빛의 형성이다. 주체는 시간의 종합을 통해 형성되며, 시간의 종합이란 불투명성 속에서 주어지는 것들, 소여所與들을 투

---

[*] 앞에서도 구분한 바 있지만, 이하 주체화는 객체화의 대립 개념으로서 타자들을 객체화하는 행위를 가리키는 말로, 그리고 주체-화는 주체화와 객체화를 겪으면서 역동적 뫼비우스적 이중체로서 생성함으로써 주체로서 존재하는 과정을 가리키는 말로서 사용한다. 주체화와 객체화 쌍이 정적이고 대립항적이라면, 주체-화와 객체-화는 동적이고 뫼비우스적이다.

명성으로 변환시키는 행위이기 때문이다. 자신의 힘으로 포섭하지 못했던 객관적 소여가 주체 속에 녹아들어 감으로써 주체는 자신을 보존하고 확충한다. 이런 존재는 우선 스스로의 개별성을 지향하는 존재이며, 주체성은 개별성을 전제한다. 주체란 개체적이든 집단적이든 일정한 개별성을 근간으로 하는 것이다. 개별성은 생명체 특히 동물에게서 두드러지게 성립하며, 따라서 주체화란 생명의 어떤 성격 특히 동물성과 밀접한 관련을 가진다. 주체-화가 그 안에 이미 생존경쟁과 약육강식의 성격을 품게 되는 것은 이 때문이다. 그래서 주체-화의 문제는 그 근저에서부터 이미 윤리학적인 문제를 품고 있다.

한 개별적 존재는 보다 강할수록 보다 더 주체화된다. 그 맞은편에서는 좀더 약한 존재일수록 더 두드러지게 객체화된다. 주체화와 객체화의 과정은 기본적으로 **강함과 약함**이라는 존재론적 구조에 의해 이루어진다. 주체화란 그 근본 구조에서 타자들을 자신 아래에 복속시킴으로써, 즉 '대상화'함으로써 성립한다. 이는 사람과 사람의 관계에서도 마찬가지이다. 역사는 권력을 획득해 주체화된 주체들과 그들의 시선 아래에서 객체화된 예속주체들의 드라마들을 끝도 없이 보여 준다. 그러나 객체화된 존재는 그를 누르고 있는 주체의 힘을 분쇄하고 언젠가는 스스로도 주체화되기 위해 칼을 간다. 주체의 등에는 언제나 객체화의 위험이 자라고 있고, 객체의 가슴에는 언젠가 주체가 되려는 욕망

이 꿈틀거리고 있다. 동물적 삶이란 이렇게 주체화와 객체화를 둘러싼 피로 얼룩진 투쟁의 장이다. 역사 속에서 확인되는, 인간이 겪어 가는 삶의 과정이 그토록 힘겹게 느껴지는 것은 그것이 근본적으로 이런 동물적 삶의 구조 위에서 성립할 수밖에 없기 때문이다.

'나'가 숱한 '우리'들의 중첩 구조에 입각해 성립하는 한에서, 이상의 논리는 결국 집단들 사이의 중첩 구조 위에서 성립한다. 한 집단이 주체로서 설 때 그것은 곧 그 맞은편에 하나의 그늘이 형성되었음을 함축한다. 높은 빌딩이 설 때 그 아래의 가옥들에는 그늘이 들 수밖에 없다. 마찬가지로 객관적 소여를 자기화/전유하는 것은 자신 속에 빛을 확충하는 것이지만, 그 맞은편의 타자를 어두움 속으로 몰아넣는 것이기도 하다. 사람들은 끝없이 높아져 가는 빌딩들처럼 '항룡'亢龍이 되려고 한다. 맞은편에서 소여들은 주체의 눈길 아래에 포섭됨으로써 주체 안에 녹아들어 간다. 'sub-jectum'(subject)에는 이런 이중적 의미('아래에 던져진 것'이자 '주체')가 깃들어 있다. **이중체로서의 'sub-jectum'**이 가지는 이런 동적 구조가 우리가 앞에서 만났던 역동화된 뫼비우스적 이율배반의 구조를 형성한다. 인간세人間世는 이런 이중체들의 드라마(사건, 상황)이다.

이런 이중체들이 엮어 가는 드라마는 타자를 내리누르고 솟아오르려는 욕망과 권력의 드라마이다. 이런 근본적인 구조 때문에 모두가 하나 되는 이상향, 영원한 평화, 완전한 사랑 같은 것은 불가능하다. 우리는 역사에서 이런 개념들의 역설^{逆說}이 때로 (이상을 꿈꿀 수 있는 인간의 특권이 아니라) 타자를 교묘하게 지배하려는 전략으로서 작동했던 경우들을 많이 볼 수 있다. 그리고 이런 논리에는 늘 '하나'에의 집착이 따라다닌다.[*] 하나 안에는 진정한 의미에서의 타자라는 것이 존재하지 않는다. 그렇기에 중요한 것은 타자들 사이의 낯섦과 갈등이라는 현실을 허망한 개념들로 덮지 않는 것, 집단과 집단 사이의 타자성을 정면으로 직시하는 것이 아닐까. 오늘날 세계화('글로벌라이제이션')를 겪고 있는 이 시대에 인류 전체의 진정한 하나-됨은 절실한 가치이지만, 그것은 다양한 집단들이 서로의 타자성을 인정하고 그 **사이에서** 공존의 전략들을 모색함으로써만 가능할 것이다.¹¹⁾

이것은 곧 한 개체/집단에서의 주체화와 객체화의 균형의 문제이다. 나의 주체성을 인정하는 만큼 타자의 주체성을 인정하는 것, 타자를 객체화하는 만큼 나 자신도 자발적으로 객체화되는 것. 이러한 주체화와 자기객체화 사이에 균형이 무너질 때 타자

---

* 다나카 치가쿠(田中智學)의 '핫코우이치'(八紘一宇) 같은 생각이 대표적이다. 여기에서 세계를 한 가족으로 생각한다고 말함으로써 즉 하나-됨(Einheit)을 이야기하면서 결국 정복과 지배의 야욕을 드러내는 전형적인 개념('內鮮一體', '一視同仁'), 우리-되기를 이야기하면서 나의 주체성의 그늘로 모든 타자들을 덮으려는 전형적인 술책을 발견할 수 있다.

성을 인정하지 않으려는 다양한 시도들이 등장하게 된다. 서로의 타자성을 인정하는 균형 속에서만 주체화와 객체화를 둘러싼 갈등도 균형을 잡는다.

거대 주체를 무너뜨리기

그러나 이렇게 논리적 공간에서의 균형만을 이야기하는 것은 현실의 왜곡이거나 기껏해야 원칙론에 그칠 것이다. 이런 식의 생각은 그릇된 추상적 사유의 한계를 전형적으로 드러낸다. 우리의 실제 삶, 즉 역사적 삶은 처음부터 특정한 형태의 불균형에서 시작된다. 누구나 태어나는 그 순간에 이미 불균형한 주체화∞객체화**의 장 안에 내던져진다. 그리고 대부분의 사람들은 거대한 주체로서가 아니라 무수한 힘들에 둘러싸인 작은 주체로서 태어난다. 그들은 다양한 방식으로 객체화됨으로써 역설적으로 특정한 주체로서 성장한다.

　　인류가 미개사회에서 처음 벗어나 새로운 발걸음을 내디뎠을 때 (처음에는 청동기의 사용, 그후에는 철기의 사용을 통해서)

** 우리가 지금까지 이야기해 온, 단순히 평행을 달리는 이율배반이 아니라 서로를 넘나드는 이율배반, 공간적으로 고정되어 있기보다 계속 변이를 겪는 이중체, 양면을 가르는 선상에서 갈등과 화해의 드라마가 벌어지는 역동적 'sub-jectum'을 가리키기 위해 이하 위와 같은 표기를 사용하고자 한다.

거대 권력이 탄생하였으며, 그후 거대 권력의 담지자가 아닌 모든 사람들은 위계사회의 특정한 자리-이름 안에서 일정한 크기——전통 존재론에서 '청탁의 정도', '존재의 정도', '완전성의 정도'는 때로 사회적 신분에 상응했다——의 주체성을 부여받는다. 그리고 근대성의 도래와 함께 이러한 구도는 큰 변화를 겪기에 이른다. 근대에 이르러 주체화∞객체화의 구도에 큰 변화가 도래한 것이다.

그러나 거대한 주체화(타자들의 객체화)를 행하는 집합체는 여전히 존재한다. 다만 거대한 괴물이 변신을 거듭하듯이 그 양태를 바꾸어 왔을 뿐이다. 이 경우 대부분의 주체들에게 있어 객체화가 주체화를 압도한다. 이는 곧 거대 주체 바깥에는 그것에 동화되는 길 이외에는 달리 길이 없는 경우이다. 이런 주체들 중 가장 강력한 주체는 국가(를 빙자하는 정부)이다.* 정부는 '국가'라는 추상적 존재, 상징적 권력을 등에 업고 모든 작은 주체들 위에 군림한다. 스탈린 시대의 소련인들은 국가에서 제시하는 '철학'을 받아들이지 않을 경우 위해를 당했다. 때문에 사람들은 그들

---

* 국가라는 거대 주체와 작은 주체들의 관계는 역사적 특수성에 입각해 이해되어야 한다. 예컨대 2002년 한국에서처럼 선거 혁명을 통해 기득권 세력을 타파한 경우, 마치 전통 사회에서 왕과 백성들이 공감했을 경우처럼 정부와 대중의 공감이 기득권 세력에 맞서는 구도가 성립한다. 그러나 김대중·노무현 정부에서 이명박 정부로 넘어가면서 이런 구도는 다시 전복되었다. 거대 주체와 작은 주체들의 관계를 일반론으로만 이야기할 수는 없는 것이다.

의 바깥에서 주어진 절대 주체에 스스로를 동화시킴으로써 객체화/'주체'화될 수밖에 없었다. 이때의 주체화란 사실상 예속주체화/객체화이다. 사람들은 "나는 ……이다"라고 말하지만 그것은 결국 "너는 ……이다"를 통해서 주입된 허위 주체성이다.

A. 나는 애국자다.

B. 너는 당에 충성을 바치는 자이다.

주체화의 형식을 띠고 있는 A는 결국 객체화의 형식을 띠고 있는 B의 가면일 뿐이다. 그 가면은 쓴 것이 아니라 씌어진 것이며, 자기를 숨기는 가면이 아니라 자기를 숨기지 않았다고 믿게 만드는 가면이다(물론 이런 구도 또한 실체화되어서는 안 된다. 맥락에 따라 A가 B의 수동적 가면이 아닐 수도 있다). 유신 시절 어린 학생들은 '국민교육헌장'을 달달 외웠고(어찌나 열심히 외웠던지 지금도 거의 다 생각이 난다) 그 헌장에 따라 객체화/예속주체화되었다. 나이 든 한국인들의 의식 속에는 아직도 그런 허위 주체성의 흔적이 깊이 각인되어 있으며, 노무현 대통령에 대한 탄핵소추 같은 사건(2004년)도 근본적으로는 이런 허위 주체성의 잔존에 기인했다고 해야 할 것이다.

객체화와 주체화의 균형을 위해 때로 자발적인 객체화가 요청된다. 모든 사람들이 힘든 상황에서(예컨대 지루하게 순서를 기다릴 때) 스스로를 참을성 있게 객체화하는 것은 중요하다. 그러나 보다 큰 문제들로 눈을 돌릴 때, 자발적 객체화의 요구는 종종 거대 주체의 전략의 일환으로서 작동하곤 했다. 처음부터 불평등하게 시작되는 우리의 삶에서 균형 잡힌 주체화는 오히려 불평등에 대한 비판과 저항을 통해서 형성되기 마련이다. 처음부터 소수의 커다란 주체들과 대다수의 작은 주체들이 대립하는 현실에서, 균형이란 주체성과 객체성의 단순한 배분이 아니라 이미 높이 솟아 있는 거대 주체성을 무너뜨리는 데에서 성립하기 때문이다. 결국 주체성이란 주어지는 것이 아니라 투쟁을 통해서 획득할 수 있는 것이다. 작은 주체들의 균형은 근거 없이 주어진 거대 주체성을 와해시킴으로써 가능하다.[*] 그러나 사실상 이 세상에 그늘을 만들지 않는 어떤 주체성도 존재하지 않는다. 때문에 거대한 주체성을 무너뜨리는 것 못지않게 스스로가 그늘을 만들지 않으려는 끝없는 노력이 요청된다. 거대한 주체성을 무너뜨리는 것은 **투쟁의 삶**이고, 그늘을 만들지 않으면서 사는 것은 **소요의 삶**이다.

---

[*] 보다 큰 주체성은 권력을 통해 수립되기도 하고 매력을 통해 수립되기도 한다. 근거 있는 거대 주체성은 매력을 통해 타인들의 인정을 얻음으로써 수립되는 주체성이다. 오직 이런 주체성만이 보다 큰 주체성으로서 받아들여질 수 있다. 그러나 매력을 통해 수립된 주체성이 권력으로 화한다면 그 또한 와해의 대상이 되어야 한다.

타자 없는 주체

그늘이 존재하지 않는다는 것, 그것은 모든 것이 빛으로 차 있다는 것을 뜻한다. 그것은 부분이 전체가 될 때에만 가능하다. 스토아 철학자들은 우주의 운명^{fatum}에 스스로를 동일시함으로써 개체성을 초월하고자 했다. 그러나 개인의 내면에서는 가능할 수도 있을 이런 경지가 사회에서는 허용되지 않는다. 아니, 개인의 차원에서라면 획득될 수 있을지도 모르는 이런 경지를 사회적 차원으로 그대로 확장했을 때 그것이 가공할 결과를 가져올 수도 있다. 우리는 니시다 기타로^{西田幾多郎}에게서 이런 그릇된 확장의 전형을 본다.

니시다에게서 주체화란 빛의 형성이다. 자신을 짓누르는 객관적 상황에 무릎 꿇지 않고 그 상황을 주체 안에 녹여 넣음으로써 주체는 자신을 보존하고 확충한다. 그 극단적인 경우는 주체가 겪는 한순간의 '생명사건'을 이데아와 결합시키는 경우일 것이다. 순간과 영원, 객체성과 전체, 생성과 이데아를 합치시키는 것은 오래된 형이상학적 꿈이다. 로댕이라는 한 인간의 개별적이고 우연한 손놀림이 예술적인 이데아를 구현할 때처럼. 니시다의 사유는 사건과 이데아(화이트헤드가 말하는 "영원한 객체", 들뢰즈가 말하는 '순수 사건')가 결합하는 한 순간의 '생성-즉-존재'^{生成即} ^{存在}를 체현하고자 하는 현재의 사유이다. 그것이 곧 "자기가 자기 안에서 자기를 본다"는 것, "낯섦/불안, 어두움의 경험을 친숙함/

안심/밝음의 경험으로 전환시키는 것"이다. 이 점에서 주체화란 어두움에서 빛으로 가는 행위이다.[12]

그러나 니시다는 주체화의 빛은 필연적으로 타자들의 객체화를 함축한다는 사실을 분명하게 깨닫지 못했다. 때문에 그의 형이상학이 그대로 역사철학으로 전환되었을 때, 주체성의 빛은 곧 폭력의 어두움으로 화하게 된다. 니시다의 역사철학은 (이토 히로부미가 입안한) 천황과 국체國體라는 절대 주체를 전제한다. 니시다는 그의 형이상학에서 객관적으로 주어진 소여들에 수동적으로 매몰되기보다 그것들을 주체에 녹여 넣어 능동적으로 주체화할 것, 한순간의 생명사건에서 생명의 약동을 느낄 것을 역설했다. 그리고 이 철학을 역사철학으로 그대로 확장해 역사적 사건 속에서 역시 절대 주체가 되기를 역설했다. 그러나 천황과 국체라는 절대 주체에 자기를 던지는 것은 주체화되는 것이 아니라 객체화되는 것, 즉 허위 주체가 되는 것이다. 그것은 주체화로 착각한 객체화이다. 주체화는 자기 규정과 더불어 성립한다. 그러나 그 자기 규정이 외부에서 주어질 때 성립하는 것은 허위적 자기 규정이다. 그것은 비판과 저항의 여지를 남겨 두지 않는 동일화일 뿐이다. 그것은 폭력에의 동일화이며 폭력적 주체에 스스로를 동일화함으로써 타자들에게 객체화의 그늘을 강요하는 것이었다. 니시다의 역사철학은 결국 주체화와 객체화의 거울놀이를 보지 못함으로써 대동아공영권 논리의 철학적 앞잡이가 되어 버린 것이다.* 유신 시절 많은 한국 철학자들이 그랬듯이.**

　니시다의 일본에게서 우리는 주체성과 객체성의 거울놀이를 너무나도 분명하게 볼 수 있다. 일본은 서구에 의해 객체화되었다. 메이지 유신 이후 일본의 최대 과제는 서구라는 주체에의 동일화였다. 그러나 일본은 이런 관계를 한국과 중국 등등에 고스란히 이전했다. 일본은 한국과 중국 등등을 객체화하려 했으며, 스스로가 서구에 동일화하려 했듯이 이번에는 한국과 중국을 스스로에 동일화시키려 했다. 제국주의의 그늘은 그대로 닮은꼴로서 반복되었다.*** 이 상황에서 니시다는 생성-즉-존재를 그대로 역사철학에 투영했다. 우리는 여기에서 내면의 성숙과 사회적 상황 인식 사이에는 거대한 간극이 있음을 확인하게 된다. 형이상학에서의 '생명의 약동'이 역사철학에서의 '제국주의'와 '파시즘'

---

　* 니시다 자신보다는 그의 제자들에 의해 이루어진 '세계사의 철학'이 이런 경향을 대변한다.(예컨대 나카무라 미츠오 외, 『태평양전쟁의 사상』, 이경훈 외 옮김, 이매진, 2007, 223쪽 이하를 보라.) 따라서 니시다 자신과 교토학파의 역사철학은 구분되어야 한다. 그러나 니시다 자신의 사유가 이미 그러한 징후를 분명히 드러내고 있다.

　** 이는 박종홍의 철학에서 매우 분명히 드러난다. 다음의 글을 보라. 이정우, 「한국 민족주의의 두 얼굴」, 『시대와 철학』, 한국철학사상연구회, 2006. 일본의 니시다 기타로, 한국의 박종홍, 독일의 하이데거를 파시즘과 연계시켜 비교하는 것은 흥미로운 작업이다.

　*** 이 점에 관련해서 히로마쓰 와타루, 『근대 초극론』, 김항 옮김, 민음사, 2003을 참조하라. 그러나 이 책에 붙인 가라타니 고진의 「해설」(과 역자의 「후기」)은 '근대 초극론'을 '탈근대 사상'과 동일시하는 심각한 오해를 범하고 있다. 다른 모든 점들은 접어둔다 해도, 근대 초극론의 강렬한 민족주의/국가주의와 탈근대 사상의 탈민족적(더 정확히는 탈국가적) 경향은 전혀 양립할 수 없는 것이다.

으로 둔갑한 것이다. 타자의 주체성을 고려하는 것이 사회-역사적 인식에서의 제일 원리라는 것을 우리는 다시 한번 분명하게 확인하게 된다.

타자-되기

니시다의 경우에서 볼 수 있듯이, 내면적 빛의 확충은 내면에서만 가능할 뿐 사회적으로는 가능하지 않다. 사회에 있어 어떤 빛의 확충은 반드시 상대적으로 그만큼의 그늘을 만들어 내기 때문이다. 사회란 **철저하게 상대적인** 장이다. 이 사실을 무시하고 내면적 힘을 사회화하려 할 때 그 결과는 필연적으로 모종의 폭력이 될 수밖에 없다. 그리고 사회란 사실상 이런 폭력적 힘들, 스스로를 주체화하고 타자들을 객체화하려는 힘들이 마찰하는 장이다.

바로 그렇기 때문에 거대 주체의 형성은 바로 그만큼의 그늘을 만들어 낼 수밖에 없고, 주체화∞객체화에서의 폐색^{閉塞} 현상을 만들어 내게 된다. 이런 폐색으로부터의 탈주는 항상 '되기'를 통해서 이루어질 수밖에 없다. A가 B가 된다는 것은 A-임에서 B-임으로 되는 것이 아니다. 이는 상상적으로만 가능할 뿐이며, 또한 A와 B의 동일성을 그대로 남기는 것에 불과하기 때문이다. A와 B의 차이를 건너뛴다는 것은 곧 A와 B의 동일성 자체는 유지된다는 것을 뜻한다. **차이의 체계는 곧 동일성의 체계**에 다름 아니기 때문이다. 그래서 핵심은 이 '차이의 체계=동일성의 체계'라는 거대한 동일성 그 자체를 극복하는 일이다. 이것은 '차이들'differences이 아니라 '차이화/차이생성'differentiation의 지속적인 운동, 즉 되기를 통해서만 가능하다.[*] 이는 곧 모든 개체들, 주체들은 사실상 dA, dB……일 뿐 A, B가 아니라는 생성존재론적 깨달음에서 시작된다. 이때 모든 관계는 A와 B가 아니라 dA와 dB의 관계가 된다. 그래서 되기란 늘 변별적 동일성들에서의 건너뜀이 아니라 그 사이에서의 미분적인 생성을 통해서만 가능하다. 이런 생성, 즉 공히 생성하는 타자들 **사이에서의 미분적인 되기**가 곧 타자-되기라 할 수 있다. 이 타자-되기가 모든 윤리적 행위의 존재론적 근거가 아닐까.[13)]

차생差生하는 세계를 가로지르면서 자신의 정체성을 만들어 가는 것이 인간이라는 존재가 가지는 삶의 근본 조건이다. 그리고 인간은 그런 과정에서 필히 이름-자리의 체계 속에 자신의 위치를 잡아야 한다. 그로써 특정한 형태의 주체가 된다. 그러나 이런 주체-임의 체계──동일성들의 체계이자 곧 차이들의 체

---

[*] 차이와 차이화/차이생성을 구분하지 않으면 큰 오해에 빠진다. A, B, C의 차이들의 체계는 곧 동일성의 체계이다. 차이들의 체계가 그 자체 A, B, C의 동일성을 전제하기 때문이다. 중요한 것은 차이들의 체계=동일성의 체계 자체를 생성시키는 것이다. '차이의 정치학'과 '되기의 정치학'을 동일시하는 것은 심각한 오해이다. 되기의 정치학이 무너뜨리려는 것이 바로 차이의 정치학이기 때문이다.

계──는 곧 죽은 세계이며, 생명의 약동*이 사라진 세계이다. 그리고 이 세계는 주체성들의 불평등한 분포를 통해 숱한 그늘들이 존재하게 되는, 그리고 그런 빛과 그늘의 체계가 고착된 세계인 것이다. 모든 윤리적 행위의 철학적 근거가 타자-되기인 것은 바로 이 때문이다.

타자-되기란 결국 '우리'-되기──우리에 갇힌 '우리'가 아니라 **이-것으로서의 우리**──이다. 되기란 관계 속에 들어감이며, 사이에서 자신과 타자의 동시적인 변이를 꾀하는 것 이외의 것이 아니기 때문이다. 역동적-뫼비우스적 이율배반의 선상에서 생성하는, 이중체로서의 'sub-jectum'으로서 살아간다는 것은 바로 그 선상을 따라가면서 숱한 관계를 맺으면서 이-것들로서의 '우리'들을 살아가는 것에 다름 아니다.

---

* 생명의 약동(élan vital) 개념은 많은 경우 잘못 이해되고 있다. 생명의 '약동'이란 끝없는 차이들의 생성을 말할 뿐, 거기에 어떤 '낭만적인' 뉘앙스가 들어 있는 것은 아니다. 오히려 이런 차이들의 생성이 우리가 앞에서 논한 삶의 힘겨움들을 가져온다고 보아야 한다. 그러나 그런 힘겨움들과 투쟁하면서 어떤 아름다운 경지들을 만들어 낼 수 있는 잠재력 역시 생명에 들어 있다. 생명의 약동이란 이 두 뉘앙스 모두를 포괄하는 존재론적 개념이다. 늘 그렇듯이, 어떤 존재론적 개념에 섣부르게 가치론적 뉘앙스를 부여해서 읽을 때 전형적인 개념적 오해가 발생하게 된다.

무위인(無位人)

'우리'들의 계열학
상생적인 되기의 함정 : 남북한의 예
진정한 우리-되기의 가능근거 : 무위인

•무위인(無位人)

인간이란 술어적 주체로서 이름-자리의 그물 속에서 살아가면서도 또한 거기에 고착되지 않으려 하는, 계속 새로운 자기를 만들어 나가려 하는 이중체이다. 그리고 이런 이중체로서의 삶이란 동적이고 뫼비우스적인 이율배반의 선상을 살아가는 것이며, 결국 생성하는 관계를 살아가는 것에 다름 아니다. 이율배반적 선상에서 생성한다는 것은 계속 새로운 관계를 맺어 나간다는 것에 다름 아니기에 말이다.

　관계를 맺는다는 것은 어떤 '우리'의 생성을 뜻한다. 아주 작은 우리(예컨대 두 연인)에서 매우 큰 우리(예컨대 인류 등)에 이르기까지 각종 형태의 '우리'의 형성과 해체가 인간세에서의 관계 맺음의 실질적 의미이다. 사회는 무수한 '우리'들로 구성되지만 이 '우리'들의 장은 부단히 변화를 겪는다. 때로 하나의 '우리'가 둘이나 그 이상의 '우리'들로 갈라지기도 하고, 때로 둘 또는 그

이상의 '우리'들이 합쳐지기도 한다. 하나의 '우리'가 일종의 영토성을 형성한다면, '우리'들의 장은 개인들이 또는 '우리'들이 무수한 다른 '우리'들에 관련해 탈영토화와 재영토화를 겪는 장이라고 할 수 있다. 이 탈영토화와 재영토화의 과정을 파악하는 것이 사회계열학의 과제이다.

'우리'들의 이합집산은 곧 주체성∞객체성의 생성을 함축한다. '우리'들의 최소 단위인 개인들의 거대한 유장流場에서 다양한 '우리'들이 생성된다. 그러한 생성의 매순간 주체성∞객체성에서의 생성도 동반되며, 술어적 주체들의 변이變異이자變移가 이어진다.

'우리'들의 계열학[14]

수많은 주체들——개인적 주체들과 집단적 주체들을 포괄하는 극히 다양한 주체들——은 각각 하나의 계열을 형성한다. 그리고 이 계열들 사이에 다양한 방식의 이어짐, 끊어짐, 갈라짐, 합쳐짐, 엇갈림……이 성립한다. 이런 과정들에 대한 연구인 계열학系列學——사회계열학——은 무엇보다 한 계열의 여러 계열들로의 갈라짐과 여러 계열들의 한 계열로의 합쳐짐을 기본으로 한다.

수많은 '우리'들이 갈라진다. 매일 수많은 부부들이 갈라서고, 회사들이 분열되고, 정당들이 따로 살림을 차린다. 하나의 주체가 둘 이상의 주체들로 갈라선다. 갈라짐은 하위 주체성들의 형성으로 귀착한다. 이럴 경우 '우리'의 술어들은 두 '우리'의 술어들로 변환되며, 그로써 술어들의 다른 계열들이 형성된다. 어떤 술어들은 보존되고 어떤 술어들은 파기되며, 어떤 술어들은 변한다. 이런 과정을 통해서 새로운 주체성들이 형성된다.

A부부(a와 b)는 서울에 산다.

A부부는 삼겹살을 즐겨 먹는다.

A부부는 산책을 좋아한다.

A부부가 이혼했다.

a는 수원에 살고, b는 안양에 산다.

a는 삼겹살을 즐겨 먹으며, b도 즐겨 먹는다.

a는 산책을 좋아하지만, b는 더 이상 산책을 좋아하지 않는다.

또는 이미 형성된 하위 주체성들 사이의 금이 현실화됨으로써 갈라짐이 성립한다.

A 단체는 a, b, c……로 되어 있다.

a는 한나라당을 선호한다.

b는 민주노동당을 선호한다.

A가 a의 B단체와 b의 C단체로 갈라졌다.

하나의 주체성 안에 여러 견고한 주체성들이 자라고 있을 때, 각 주체성들 사이에는 간극이 형성되고 전체-주체성에는 금이 간다. 금은 그늘에서 자란다. 전체-주체성 안에 그 주체성의 빛을 받지 못하는 그늘이 있을 때, 그렇게 객체화된 그늘은 주체성을 획득하려 하고 그때 전체-주체성에 금이 간다. 그래서 그 금은 정확히 주체화∞객체화의 선상에서 발생한다.

갈라짐이 도덕적 당위를 획득하는 경우는 전체-주체성이 그 부분들을 억압할 때이다. 제국은 그것이 정복한 부분들을 누름으로써 전체로서 존재하며, 따라서 그 부분들은 제국을 와해시키고 원래의 다원성을 회복하려 한다. 제국은 타자들을 스스로의 동일성 속으로 와해시켜 봉합해 버렸기에, 타자들은 다시 제국의 배를 가르고 나온다. 갈라짐이 도덕적 당위를 획득하지 못하는 경우는 정당한 전체를 부분들의 이기적인 욕망에 입각해 와해시키려는 경우다. 국민투표를 통해 정당하게 획득한 권력을 쿠데타로 전복시키려는 경우가 이에 해당한다. 갈라짐은 하나 안에 존재하는 여럿 사이의 금을 통해 이루어지는 것이다.

사회가 이름-자리의 체계인 한에서 갈라짐도 결국 이름-자리의 체계의 문제이다. 하나의 주체성이 두 주체성으로 갈라짐은 이름-자리의 분화 현상이기도 하다. 이 새롭게 등장하는 이름-자리들이 새로운 정체성들을 만들지만, 그런 분화가 기존 이름-자리들의 이합집산에 그칠 경우 거기에 진정한 의미에서의 창조는 없다. 이름-자리의 전체 체계는 그대로 남으며 단지 누가 어디에 서느냐만 달라질 뿐이다. 갈라짐은 독특한 '이-것'들의 창조가 이루어질 때 진정 의미를 가지게 된다.

그러나 또한 많은 '우리'들이 하나의 '우리'로 합쳐진다. 회사들이 합병되고, 단체들이 연합하고, 지역 주민들이 단결하고, 음모를 꾸미는 자들이 결탁한다. '우리'들의 합쳐짐 역시 주체성에 상관적이다. 작은 '우리'들이 큰 '우리'로 합쳐짐은 작은 주체들이 모여 큰 주체성을 이룸을 뜻한다. 그것은 작은 주체성들 사이에 존재했던 상호 객체화가 소멸되는 것을 함축한다. 그러나 합쳐짐은 또한 정복을 뜻하기도 한다. 정복의 경우 정말 소멸되는 것은 상호 객체화가 아니라 작은 주체성들이다. 큰 주체성의 형성은 끌어당김을 통해 형성된다. 작은 '우리'들 사이에 끌어당김이 있을 때 큰 '우리'가 성립한다. 그러나 그 끌어당기는 힘은 매력일 수도 있고 권력일 수도 있다. 두 남녀의 합쳐짐은 매력을 통해서지만, 제국주의에 의한 정복은 권력을 통해서이다. 매력을 통한 큰 주체성의 성립은 작은 주체들 사이에 존재했던 그늘의 소멸을 뜻하지만, 권력을 통한 거대 주체의 성립은 커다란 그늘이 작은 그늘들을 덮어 버림을 뜻한다. 이런 거대 주체는 이미 미래에 갈라질 금을 은폐시키고 있는 것이다.

갈라짐의 경우와 마찬가지로 합쳐짐의 경우에도 어떤 새로운 '이-것'의 탄생이 이루어지지 못한다면, 결국 기존 이름-자리들의 체계에서의 이합집산에 다름 아니다. 거대 주체의 총체성은 오히려 이 이름-자리의 체계를 더 공고히 하며, 이 경우 역시 진정한 창조를 가져오지는 못한다. 술어적 주체를 넘어 변이하는 삶을 살아갈 때, 갈라짐과 합쳐짐은 단지 집합론적 형태를 띠기보다는 오히려 기존의 집합론적 구조 자체를 변이시키게 된다. 그때에만 '되기'가 가능하고 윤리적 창조가 가능하게 된다.

상생적인 되기의 함정 : 남북한의 예

두 '우리'가 합쳐지지 않고 나란히 존재할 수 있다. 그 나란히 존재함이 적대의 관계를 형성할 때 '대치'^{對峙}의 관계가 되고, 그렇지 않을 때 공존^{共存}의 관계를 형성한다. 이는 평행적('para') 이율배반의 경우이다. 두 '우리'의 대치는 두 주체성의 대치이며, 두 주체는 서로에게 객체화의 그늘을 던진다. 그리고 그런 주체화∥객체화[*]가 즉 상호 객체화가 세력의 균형을 이룰 때 대치가 성립한다. 두 주체가 적대하지 않고 나란히 병치될 때 공존의 관계가 형성된다. 이 경우 역시 세력 균형이 이루어지지만, 이때의 균형이란 객체화의 힘이 상쇄됨으로써가 아니라 자기 객체화의 힘이 동시적으로 맞물려 있음으로써 성립한다.

　'우리' 문제에 있어 중요한 한 예는 남한과 북한의 관계이다. 북한과 남한은 오랫동안 대치해 왔다. 북한은 남한을, 남한은 북

＊ 앞의 '주체화∞객체화'와 달리 '주체화∥객체화'는 단순한 'para'를 형성하는 주체화와 객체화를 뜻한다.

한을 객체화했으며 각자의 주체성을 상대방에게 투영해 서로에 대한 허상을 만들어 왔다. 한 주체가 타자를 정복하고자 할 때 그 타자에 대한 정확한 인식이 요청된다. 그러나 두 주체가 대치할 때 각자는 서로에 대한 허상을 요청한다. 그 허상이 각 주체의 존립을 가능하게 하기 때문이다. 각 주체는 타자에 대한 허상을 통해서 내부 결속력(그러나 사실은 지배층의 동일성)을 다져 왔으며, 더 나아가 그러한 허상들의 창출에 암묵적으로 공조해 왔다고 할 수 있을 것이다(박정희와 김일성은 거울 이미지이다). 그렇기 때문에 그러한 대치가 붕괴될 때 허상들 역시 무너질 것이고, 그러한 와해는 그 주체의 중심(지배층의 동일성) 역시 무너뜨릴 것이다. 그렇기 때문에 그러한 대치의 와해는 각 주체 내의 핵심 주체가 아니라 그 핵심 주체에게 압력을 가해 온 역사의 힘(타자들의 힘) 자체였다고 해야 한다.

2000년 김대중-김정일의 6·15 선언에 대해 어떤 사람들은 김정일의 '쇼'에 대해서, 그 놀라운 '연출력'에 대해서 말한다. 그렇게 함으로써 그들은 이렇게 말하고 싶어 한다. "순진한 사람들 같으니라구. 저런 쇼의 내막을 못 보고 웬 눈물을 흘리고 야단법석인가." 그리고 『조선일보』를 비롯한 수구 세력들은 통일 자체에 딴지를 걸려고 발악한다. 그러나 민족의 '감정'에 대한 냉소적인 눈길을 보내며 자신을 똑똑하다고 생각하는 사람들이야말로 하나만 알고 둘은 모르는 사람들이다. 김정일의 '쇼'에 의해서, 김정일과 김대중의 '거래'에 의해서 남북한 주체의 'para'가 와해되는 것이 아니라 남북한 'para'의 와해가 두 정상의 만남을 가능하게 한 것이다. 사람들은 사회에서 발생하는 사건들을 다양하게 계열화해 의미를 읽어 낼 수 있다. 그러나 많은 경우 그런 계열화는 그저 몇 명의 문제, 추상적인 이데올로기의 문제로 계열화된다. 하지만 역사의 궁극 의미는 대다수의 대중 자신들이며, 김정일이나 김대중이 아니라 통일을 희구하는 한 맺힌 사람들의 감정 자체인 것이다. 냉소주의는 모든 섬세한 차이들을 비웃음의 동일성으로 환원시킬 뿐이다.

두 주체가 한 주체로 합쳐질 때 정말로 주의해야 할 것은 그 하나의 주체 자체가 만들어 내는 또 다른 그늘이다. 어떤 주체든 그늘을 만들어 내기 때문이다. 이 점은 민족 분단이라는 그늘과 계급 차별이라는 그늘의 관계에서도 확인된다. 우리는 통일을 통한 민족-주체의 형성이 바로 남북 분열의 원인이었던 프롤레타리아-주체를 둘러싼 대립과 대척적이었다는 사실을 다시 상기해야 한다. 남북이 갈라졌던 것은 민족적 주체에서의 갈라짐이 아니라 계급적 주체에서의 갈라짐이었다. 따라서 남북이 합쳐 다시 민족-주체를 형성한다는 것이 그 분열의 원인이었던 계급-주체의 합침을 의미하는 것이 아니다.

박정희도 김일성도 민족주의적 태도를 가지고 있었다. 그러면서도 자유주의와 공산주의로써 대립했다. 여기에 근본적 모순이 있는바, 진정한 민족주의자라면 민족을 우선시해야 하기 때문이다. 이들은 각각 민족의 통일을 자유주의로써 또는 공산주의로써 이루어야 한다고 믿었으며, 따라서 지향점은 민족주의였지만 과정은 자유주의 또는 공산주의여야 했다. 자유주의와 공산주의가 각각의 권력의 토대이기 때문에 민족주의를 내세워도 진정 그것에 궁극적 방점을 찍을 수 없었던 것이다. 여기에 한국 근대사에서의 "우리"가 내포하는 비극적인 논리적 모순이 존재한다.

결국 '민족'이라고 말하지만 보다 예민한 문제는 계급의 문제였다고 해야 하지 않을까. 계급적 주체에 기반해 이루어졌던 분열을 민족적 주체에 입각해 봉합하는 것이 한계를 가지는 것은 이 때문이다. 우리가 민족 주체에만 눈길을 주고 계급적 모순(물론 이미 그 구조가 상당히 복잡해졌기 때문에 반드시 고전적인 의미로 사용한 것은 아니다. 그러나 계급적 모순이 소멸한 것은 전혀 아니며, 사회가 존재하는 한 소멸할 수도 없다)에 눈을 감을 때, 민족 주체의 형성은 또 하나의 그늘(이미 있었던 그늘이지만)을 만들어 내게 될 것이다. 통일을 통해서 계급적 모순이 해소되지 않는다면, 통일은 과거의 핵심 주체들을 와해시키는 것이 아니라 오히려 강화시켜 줄 것이다. 즉 민족은 통일될지 몰라도 지배 구조는 와해되기는커녕 강화될 것이다.

이렇게 새로운 그늘이 메워질 때 또 하나의 그늘이 생겨나는 것은 그러한 과정이 진정한 되기가 아니라 거대 주체에 의해 이

루어질 때이다. 이 경우 진정한 이-것이 생성하기보다는 구조적
인 재조정만이 이루어질 뿐이기에 말이다. 방금 든 통일의 예의
경우, 이것은 통일의 주도권을 정부가 쥐고 있기 때문이며, 정부
가 '국가'라고 하는 집단 환상을 통해서 군림하고 있기 때문이다.
통일은 모두의 일이다. 정부의 일이 아니다. 그러나 누구나 통일
은 '국가'의 일이라고 생각하며, 국가와 정부가 동일시되는 한 이
런 구조는 무너지지 않을 것이다.

진정한 우리-되기의 가능근거 : 무위인

이런 구조적 한계를 벗어나기 위해서는 다양한 저항 주체들의 개
입이 요청된다. 더 정확히 말해 저항 주체들의 상승변증법=상생
相生이 요청된다. 저항 주체들이 서로에게 그늘을 만들기보다는 전
체로서의 저항을 생각하면서 상생의 관계를 맺을 때에만 진정한
'우리'-되기가 성립할 수 있기 때문이다. 생명은 끝없이 차생하는
힘이지만 또한 그 안에 새로운 형상들을 창조해 낼 수 있는 가능
성을 품고 있다. 그래서 생명은 연속적이면서도(절대 불연속은 죽
음의 세계이다) 거기에는 다양한 형태의 개별화를 가능케 하는 힘
또한 내장되어 있다. 삶의 모든 드라마는 생명의 이런 힘에서 출
발한다. '우리-되기' 역시 이런 생명의 힘의 한 발현이다.
　　인간의 삶은 개별화된 개체들의 삶이 아니라 내면화된 주체

들의 삶이다. 그리고 주체란 사회 속에서 어떤 형태로든 이름-자리를 부여받음으로써 성립한다. 그리고 이름-자리란 바로 한 인간에게 붙어 있는 술어들과 그 술어들이 함축하는 실제 관계들, 상황들로 구성된다. 사회란 이런 이름-자리들의 집합론적 구조로 되어 있다. 사회에는 숱한 변동들이 생겨나지만, 이름-자리의 체계 자체에서의 변화가 없다면 그것은 집합론적 이합집산에 불과하다(그러한 이합집산도 쉬운 일이 아니지만).

사회의 집합론적 구조, 존재론적으론 생명의 배반인 죽음을 또 가치론적으론 불평등을 함축하는 이런 구조를 '위'位라 부를 수 있을 것이다. 무위인이란 이런 위를 가지지 않는 사람이 아니라(그것은 불가능하다), 이런 위의 경계들을 가로지르면서 이-것들을 창조해 내는 사람이다. 이-것들의 창조는 타자들 사이에서의 '되기'를 전제하며, 타자-되기, 숱한 형태의 '우리'-되기를 통해 가능하며, 때문에 존재론적 행위인 동시에 윤리학적 행위기도 하다. 무위인으로 산다는 건 단지 위를 거부하는 것을 뜻하지 않는다. 위를 거부하고 허공에서 살 수 있는 사람은 없다. 여기에서 무無는 위의 없음이 아니라 오히려 위의 잠재성이며, 숱한 위의 형태들이 **점선들로 존재하는** 허虛이다. 무위인이란 이 허의 차원으로 내려가 삶의 또 다른 방식들을 사유하고 현실로 다시 올라와 새로운 이-것을 창조해 내는 사람이다. 그때에만 무위인은 상상적인 것이 아니라 실재적인 것이며, '우리-되기'에 창조적으로 공헌할 수 있다.

• 맺음말

인간은 단순한 개체로서 존재하지 않으며 나아가 생명체로서만 존재하는 것도 아니다. 인간이란 주체로서 존재한다. 인간은 개체이자 생명체이자 주체이지만, 전자의 두 층위가 필수적인 것이라면 마지막 층위만이 고유하고 충분한 것이다. 때문에 인간이 스스로를 돌아다보면서 사유할 때 주체의 문제는 피해갈 수 없으며, 어떤 논의를 하든 사유의 핵심에 놓여 있는 문제라 하겠다.

개체 특히 생명체로서의 인간으로부터 주체로서의 인간으로 간단하게 넘어가는 것만큼 경계해야 할 것도 없다. 뇌과학이나 사회생물학을 비롯해서 우리 시대에 나타나고 있는 천박한 한 경향, 즉 다양한 학문을 **존재론적 차원에서** 진정으로 종합하는 것이 아니라 한 분과과학의 성과를 **조악하게 일반화하는** 경향이야말로 인간-주체의 이해에서 무엇보다 우선 극복해야 할 태도이다. 주체의 이해는 무엇보다 그를 고유한 주체로 만들어 주는 어떤 문턱, 즉 기호, 의미, 상징계, 사회, 문화——무엇이라 하든——문턱을 넘어서 논의되어야 하며, 이 문턱을 충분히 고려하면서 논의되어야 하는 것이다.

우리의 주체론은 무엇보다 이 문턱을 형성하는 가장 기본적인 선험적 조건에의 성찰로부터 시작된다. 이런 작업을 통해 우리는 주체를 우선적으로 이름-자리[位]의 측면에서 파악했으며, 이를 '술어적 주체'로 이해했다. 이 술어적 주체가 진정한 주체가 되기에는 주체성을 결한다는 점을 깨달음으로써, 우리는 진정한 주체는 무위無位의 차원에서만 성립한다는 것을 알게 된다. 주체론을 논하는 이 저작에서 나는 이 테제를 논증하려 했다. 진정한 주체는 오로지 무위인無位人에게서만 성립하는 것이다.

여기에서는 무위인으로서의 주체 개념을 해명하는 데에만 주안점을 두었다. 무위인이 지향해야 할 구체적 삶의 모습들(특히 정치적 맥락에서의 정향들)에 대해 논해야만 우리의 논의가 일정 정도 윤곽을 잡을 수 있을 것이다. 이 작업은 이 작품의 후속작이 될 저작(『사건이란 무엇인가: 정치적 맥락에서』)에서 다룰 것이다. 그리고 (각각 주체론과 사건론을 다루는) 이 두 저작은 그 둘 사이의 시점에 출간될 『진보의 새로운 조건들』을 보완하는 논의라는 점을 미리 알려드린다. 이 세 권의 저작을 하나의 일관된 주제——'진보의 새로운 조건들'——하에서 읽어 주시기 바란다.

•후주 및 관련 저작들

1) 아리스토텔레스는 『범주론』에서 10개의 범주 즉 실체와 다른 아홉 가지 범주(질, 양, 관계 등등)를 분류하고 그 각각을 분석한 바 있다. 이 논의는 언어학적 분석과 일치하는데, 실체란 문법상으로는 곧 주어 자리에 오는 존재이며 다른 아홉 가지 범주들은 술어의 자리에 오는 존재들이기 때문이다. 결국 개체들이 실체들이며, 다른 범주들은 개체에 "부대하는" 것들이다. '소크라테스'는 실체이며, '하얗다', '180cm', '플라톤의 스승' 등등은 우유(偶有)들이다. '인간' 같은 보편자는 예외인데, "소크라테스는 인간이다" 같은 명제에서 보이듯이 보편자는 술어 자리에도 올 수 있기 때문이다.

아리스토텔레스의 전집으로는 'Loeb Classical Library'에서 나온 희랍어-영어 대역본을 참조할 수 있다. 한글본 전집은 아직 나와 있지 않으나, 개별적인 번역본들은 여럿 나와 있다. 가장 기본적인 저작으로 『범주론』과 『명제론』을 들 수 있다(『범주론·명제론』, 김진성 옮김, 이제이북스, 2005). 포르피리오스의 『이사고게』(김진성 옮김, 이제이북스, 2009)는 이 두 저작에 대한 고전적인 주석서이다(서구 중세 학자들은 이 세 권을 합해 '구 논리학'이라 불렀다).

2) '것'이라는 **불완전 명사**는 그 불완전함으로 인해서 개체성들을 최대한 포괄할 수 있는 의미심장한 말이다. 이 '것'을 둔스 스코투스의 'haecceitas' 개념의 번역어로 쓸 수도 있을 것이다(본 저작에서는 '이-것'으로 번역). 둔스 스코투스의 저작들은 아직 번역되어 있지 않으며, 연구서로서 『둔스 스코투스의 철학사상』(김현태 지음, 가톨릭대학출판부, 1994)이 나와 있다(서술이 명료하지 않아 큰 도움이 되진 않는다). 둔스 스코투스 철학을 좀더 이해하기 위해서는 앨런 월터가 편집하고 번역한 영어 번역본을 읽는 것이 좋다(Duns Scotus, *Philosophical Writings: A Selection*, translated by Allan B. Wolter, forword by Marilyn McCord Adams, Hackett Publishing Company, 1987). 둔스 스코투스가 들뢰즈와 연결되는 지점들을 읽어내기 위해서는 '존재의 일의성' 및 '개체화'의 문제들을 다룬 저작들을 참조할 필요가 있다(Duns Scot, *Sur la connaissance de Dieu et l'univocité de l'étant*, par O. Boulnois, puf, 1988. *Le principe d'individuation*, par Gérard Sontag, Vrin, 1992).

둔스 스코투스의 철학은 들뢰즈를 통해서 새로운 현대적 뉘앙스를 띠게 되었다. 이는 일반성-특수성 짝에서 보편성-특이성 짝으로의 이행과 관련된다. 일반성-특수성의 체계는 큰 단위들과 작은 단위들이 수목형(樹木型)으로 구조화되어 있는 체계를 말한다. 대학을 예로 든다면, 인문대학과 자연대학, 어문계열과 인문계열, 역사와 철학, 동양철학과 서양철학, "영미철학"과 "대륙철학", "프랑스철학"과 "독일철학", ……과 같이 이항적(binary) 또는 다항적 구조로 가지 쳐 나가는 체계이다. 일반성이 특수성들로 분리되고 또 더 작은 특수성들로 분리되어 나가는 체계이다. 이런 체계는 인간 삶의 가장 일반적인 체계이고, 그래서 우리는 이런 체계의 그 어딘가(어떤 기호와 어떤 장소)

에 자리를 잡아야 한다. 이를 본문의 용어로 **이름-자리** 체계라 할 수 있다.

보편성-특이성은 이미지로 말한다면 일반성-특수성의 격자를 일단 모두 지우고('보편성') 거기에 이전의 분절체계에서는 배제되었던 새로운 개별성들('특이성')을 채워 나가는 것을 말한다. 위의 예를 다시 든다면, 대학을 분절 짓고 있는 격자들을 모두 지우고 '학문'이라는 보편성을 세운 후 거기에 이전의 분절체계에서는 배제되었고 생각조차 해본 적이 없는 독특한 '전공'—실선이 아니라 점선으로 그려진 (언제나 **점선으로 사는 것**이 중요하다)—을 새롭게 창조하는 일이라고 할 수 있다. 이런 의미에서의 특이성이 '이-것'이라 할 수 있다.

이러한 논리는 『차이와 반복』에서 분명하게 드러나며, 그 실천철학적 확장은 『천의 고원』에서 두드러진다. 『천의 고원』 전체를 '이-것'의 이론으로서 읽는 것도 가능하다. 처음에 나오는 '리좀'이란 결국 기존의 수목형 구도를 탈피해 이-것이 만들어질 수 있게 하는 운동 즉 '접속'에 관한 논의이고, 마지막에 나오는 공간론 역시 이미 홈이 파인 공간들(예컨대 유클리드적 공간)에서 매끄러운 공간들(예컨대 위상학적 공간)으로 나아감으로써 만들어질 수 있는 공간적 이-것들에 대한 논의이다. 둔스 스코투스로부터 들뢰즈/가타리에게까지 이어지는 'haecceitas'론을 잘 음미해 봄으로써 '무위인'으로 가는 존재론과 윤리학을 다듬어 낼 수 있다.

3) 일반성, 보편성, 특수성 등으로 환원될 수 없는 좁은 의미의 개체성/개별성의 의미는 키에르케고어, 실존주의자들, 아도르노/호르크하이머 등에 의해 강조되었다. 반면 이런 의미에서의 개체성/개별성 개념의 한계는 특히 질베르 시몽동(Gilbert Simondon)에 의해 논의

되었고, 그후 들뢰즈의 작업으로 이어졌다(칸트에서 들뢰즈에 이르기까지의 개체화의 문제에 대해서는 다음을 보라. Alberto Toscano, *The Theater of Production*, Palgrave Macmillan, 2006).

전자의 흐름은 '개인'의 의미를 강조하는 흐름이고, 후자의 흐름은 (좁은 의미에서의) 개체성 개념의 존재론적 한계를 파고 들어간 흐름이다. 이렇게 볼 때 개체성의 좁은 의미와 넓은 의미, 그리고 개체성 일반과 인간 고유의 개인성을 구분하는 것이 좋으며, 존재론적으로 보다 폭넓은 개체성('이-것')을 파악하면서도 그 위에서 좁은 의미의 개체성이 가지는 의미 더 나아가 인간-개체 즉 개인/실존의 고유한 의미 또한 음미하는 사유를 추구해야 할 것이다.

4) 이런 식의 생각을 라이프니츠를 통해서 개념화하는 것도 의미가 있다. 라이프니츠에서 우리가 말하는 술어들 하나하나는 '빈위들'(attributs)로 일컬어진다. 신은 자신의 '마음속'에 존재하는 무한한 빈위들 중 어떤 것들을 꺼내어 계열화함으로써 하나의 모나드를 만들어 낸다. "삼국시대에 태어나다", "유비를 만나다", "조조와 대결하다", "오장원에서 죽다"를 비롯한 숱한 빈위들을 이어서 '제갈량'이라는 모나드를 만든 것이다(여기에서 각각의 빈위가 동사적으로 표현되어 있지만, 라이프니츠는 기존의 논리학적 형식에 따라 'be 동사'를 통해 논의를 전개하고 있기 때문에 우리의 논의와 배치되지 않는다. 이 문제는 뒤에서 다시 다루어진다). 이런 구도로부터 빈위들의 순서 문제, 그것들 사이의 연속과 불연속의 문제, 빈위들의 다른 계열화 즉 가능세계의 문제를 비롯해 숱한 흥미진진한 존재론적 문제들이 따라 나온다(이정우 지음, 『주름, 갈래, 울림』, 거름, 2000을 참조).

만일 라이프니츠의 신학적 구도를 거두어내고 본다면, 즉 술어들이란 신의 마음속에서 끄집어내어지는 것이 아니라 지금 우리가 살고 있는 이 세계에서 만들어진다고 생각한다면, 이런 술어들의 총체란 도대체 무엇이고 또 술어들의 계열화란 어떻게 이루어지는 것일까? 요컨대 **내재성의 구도에서 술어적 주체란 어디에 근원을 두는가?** 일단 추상적으로 답한다면, 빈위들의 총체란 바로 '사회'라는 곳에, 더 심층적으로 말한다면 사회의 가능조건(구조주의자들이 말한 '구조')에 있다고 할 수 있으며, 빈위들의 계열화란 이 사회에 붙어 있는 시간지수(time index) ─ 삶의 '스케줄' ─ 에 있다고 할 것이다. 이 문제가 앞으로 정교화해야 할 절실한 문제들 중 하나이다.

5) 나는 세상에서 꼭 하나 존재한다는 것은 라이프니츠의 '식별 불가능자 동일성의 원리'와 관계된다. 이 문제에 관해서는 다음 책을 추천한다. 山內志郎, 『ライプニッツ─なぜわたしは世界にひとりしかいないのか』, 日本放送出版協會, 2003. 이 문제 역시 복제 문제나 가상세계 문제 등등 현대 문명과 관련해 중요한 의미를 띠는 문제이다.

6) 이율배반은 두 종류로 구분해 볼 수 있다. **모순적** 이율배반에서 그 두 항은 평행을 달린다. 엘레아의 제논에게서 나타나는 'para-doxa'가 이 경우에 해당한다. 이 대립적 이율배반을 **역설** 또는 **모순**이라 할 수 있다. 플라톤과 아리스토텔레스는 (상이한 방식으로) 제논의 평행을 달리는 역설을 'dia-legesthai' 즉 서로 부딪치면서도 그 부딪침의 과정을 통해 어떤 긍정적인 결과를 산출해 가는 'dialektikê' ─ 플라톤의 변증법 또는 아리스토텔레스의 변증론 ─ 를 제시했다. 제논의 역설로부터 플라톤/아리스토텔레스의 변증법/변증론으로 이행하는 과정은 학문의 역사에서 가장 결정적인 대목들 중 하나이다. 플라톤

의 대화편들(특히 『국가』)과 아리스토텔레스의 『변증론』을 참조.

시차적(時差的) 이율배반에서 두 항은 궁극적 하나의 두 측면을 형성한다. 두 면은 불연속적으로 평행을 달리는 것이 아니라 사실상 하나인 존재의 두 면, 그러나 **동시에** 성립할 **수는 없는** 두 면이다. 뫼비우스의 띠가 그 전형적인 이미지를 제공한다. 모순적 이율배반에서 한 항과 다른 항은 양립 불가능하다. 시차적 이율배반에서 두 면은 양립 가능하지만, 그 양립 가능성은 두 면을 포괄하는 궁극적 면 **바깥에서** 그것을 대(對)하는 존재에게만 가능하다. 그 궁극 면 안에 속하는 존재들은 시차적인 두 면에 동시에 서 있을 수 없으며 하나의 면에 서 있을 때 다른 한 면은 배제된다. 오직 두 면의 **접선**(接線)에 서서 두 면을 **넘나드는** 존재만이 즉 '이접적 종합'(synthèse disjonctive)을 행하는 존재만이 두 면 모두를 볼 수 있다.

스피노자에게서의 물질-속성과 정신-속성(과 다른 무한한 속성들)이나 베르그송에게서의 물질과 생명이 시차적 이율배반의 전형을 보여 준다. 스피노자에게서 실체는 하나이자 여럿이다. 여럿으로서의 실체 즉 속성들은 시차적 이율배반을 형성한다. 스피노자는 이 면들=속성들 사이에 상응관계를 설정함으로써 그의 일원론을 갈무리짓고자 했다. 베르그송에게서 물질과 생명은 서로 반대 방향 —— 엔트로피의 방향과 진화의 방향—— 으로 생성해 가는 두 경향들이며, 궁극적으로는 하나의 실체를 형성한다. 이 시차적 이율배반의 사유는 곧 불일이불이(不一而不二)의 사유와 통한다.

칸트가 『순수이성비판』에서 제시한 4가지 이율배반은 모순적 이율배반이며, 바로 이 때문에 그는 사변이성의 작업을 '선험적 가상'으로서 비판했다. 헤겔은 그의 변증법을 통해 칸트의 이원적 사유를 일원적 사유로 전환시켰는데(『정신현상학』과 특히 『논리학』), 이 과정

역시 서구 사유의 역사에서 결정적인 국면들 중 하나에 속한다. 헤겔의 일원화는 단순한 융해가 아니라 그 안에 시차적 이율배반의 구도를 내장하고 있으며, 이 점을 풍부하게 지적해 낸 것이 슬라보예 지젝의 중요한 공헌이라 할 수 있다. 특히 『부정적인 것과 함께 머물기』(이성민 옮김, 도서출판b, 2007) 및 『시차적 관점』(김서영 옮김, 마티, 2009)을 참조하라.

7) '종합'의 개념은 철학사에서 내내 중요한 역할을 해왔지만, 현재의 맥락에서 출발점을 이루는 것은 칸트의 철학이다. 『순수이성비판』은 주체의 의식이 시간을 종합/구성함으로써 경험을 만들어 나가는 과정 — 더 정확히는 구조 — 을 그린 저작으로 읽을 수 있다.
칸트의 '능동적 종합'에 대비적으로 종합의 수동적 측면을 강조한 인물은 후설이다. 후설의 관련 저작은 아직 번역본이 나와 있지 않다. 수동적 종합에 관한 논의와 능동적 종합에 관한 논의를 함께 보는 것이 좋다. 수동적 종합 개념은 들뢰즈의 사유에서도 중요한 위치를 차지한다. 『차이와 반복』(김상환 옮김, 민음사, 2004), 2장을 보라.

8) 내적 복수성 개념의 이해를 위해서는 우선 라이프니츠의 『모나돌로지』를 숙독할 필요가 있다. 이 개념은 후에 베르그송의 『의식에 직접 주어진 것들에 관한 시론』에서 중요한 역할을 하게 되며, 이 과정을 통해서 '다양체' 개념으로 전환된다. 그 사이에 리만 기하학에서의 다양체 개념과 마이농, 러셀, 후설 등의 다양체론을 볼 필요가 있다.
들뢰즈의 철학은 그 전체가 다양체론이라 할 수 있으며(라이프니츠와 직접 연계되는 책은 『주름, 라이프니츠와 바로크』이다. 이철웅 옮김, 문학과지성사, 2004), 이 측면에 대해서는 최근에 나온 『강도의 과학과 잠재성의 철학』(마누엘 데란다 지음, 김영범/이정우 옮김, 그린비, 2009)이 큰 도움을 준다.

9) 물론 이 문제는 라이프니츠 이전에도 중요하게 다루어졌다. 아리스토텔레스는 이전의 철학자들과는 달리 개체에 존재론적 실재성을 부여한 대표적인 철학자이다. 이런 측면은 후에 신플라톤주의적 경향에 의해 다소간 약화되었으나, 스콜라철학의 전성기 특히 아벨라르두스(/아벨라르) 이후에(토마스 아퀴나스 등등) 새롭게 조명되기에 이른다. 오캄을 비롯한 유명론자들에 이르러선 이 점이 보다 강화되며, 둔스 스코투스는 오늘날의 '이-것' 개념에 가까운 독창적 개념인 'haecceitas'를 개발해 내기도 했다. 그러나 개체를 적어도 원칙적으로는 완벽하게 가지적 존재로서 파악한 인물은 라이프니츠이다.
서구 고중세의 존재론사를 이렇게 개체에 실재성을 부여하려는 철학과 그것을 다른 어떤 것들로 환원시키려는 철학의 길항(拮抗)으로 읽어보는 것도 가능하다. 나는『세계철학사 1: 지중해세계의 철학』(길, 근간)에서 이런 측면에 비교적 큰 비중을 두어 논했다.

10) 푸코의 저작들 중 콜레주 드 프랑스에서의 강의록들은 우리의 논의를 위해서 필수적이다. 2009년 현재『사회를 보호해야 한다』(박정자 옮김, 동문선),『주체의 해석학』(심세광 옮김, 동문선),『비정상인들』(박정자 옮김, 동문선)이 번역되어 있다. 아쉽게도 우리의 논의에 보다 직결되는 강의록들(예컨대 *Le gouvernement de soi et des autres, Naissance de la biopolitique, Sécurité, territoire, population, Le pouvoir psychiatrique*)은 아직 번역되어 있지 않다. 관리사회에 대한 들뢰즈의 짧지만 중요한 글은 들뢰즈,『대담 1972~1990』(김

종호 옮김, 솔)에 수록되어 있다. 나는 『진보의 새로운 조건들』(인간 사랑, 근간)에서 이 문제를 다루었다.

11) 주체와 타자 사이에 존재하는 근본적인 갈등 구조와 그 해소의 길에 대해서는 헤겔의 『정신현상학』과 사르트르의 『존재와 무』가 핵심적인 저작들이다. 타자를 진정으로 타자로서 대하는 것에 대해서는 『전체성과 무한』(Totalité et infini)을 비롯한 레비나스의 저작들을 참조하는 것이 좋다. 글로벌라이제이션에 대한 비판적 논의로는 네그리/하트의 『제국』(윤수종 옮김, 이학사, 2001)을 참조하라. 『천의 고원』에 등장하는 '포획장치'에 대한 논의도 매우 중요하다.

12) 니시다의 로댕론에 대해서는 『근대 일본의 두 얼굴 : 니시다 철학』(허우성 지음, 문학과지성사, 2000), 239쪽 이하를 참조하라. 니시다의 저작들 중에서는 『선의 연구』(서석연 옮김, 범우사, 2001)가 나와 있다.

13) 이 생성존재론의 핵심 저작은 『차이와 반복』이다. 특히 4장을 숙독할 필요가 있다. 다른 개념들도 마찬가지이지만, 『천의 고원』에서 전개되는 '되기'론도 이 『차이와 반복』을 기초로 해서 이루어지고 있다. 이정우, 『천하나의 고원』(돌베개, 2008)도 참조하라.

14) '계열'의 개념은 현대 사상의 도처에서 만나게 되는 기본 개념이다. 이 개념은 한편으로 낱낱의 요소들에 중점을 두어 논하는 원자론적 사유에, 다른 한편으로 전체/총체에 중점을 두어 논하는 유기체주의에 대비된다. 즉 계열학은 점의 사유나 면의 사유가 아니라 선의

사유라고 할 수 있다. 계열에 대한 철학적 분석의 고전으로서는 앙투안느 쿠르노(Antoine Cournot)의 『인식의 근거들에 관한 시론』(*Essai sur les fondements de nos connaissances*)을 들 수 있다. 아직 우리말로 번역되어 있지 않다. 베르그송이 이 책을 20번 이상 읽었다는 것은 유명한 에피소드이다. 아날학파의 저작들을 읽는 것도 중요하다. 개별 인물들에 따라 다르지만 아날학파는 대체적으로 계열의 논리를 구사하기 때문이다. 넓게 말하면, 구조주의 사유에 속하는 대부분의 사상가들이 다소간 계열적 사유를 구사한다고 볼 수 있다.

나는 『사건의 철학』에서 계열학이라는 개념을 제시했다. 푸코, 세르, 톰, 들뢰즈 등 이 저작을 쓰는데 기초로 삼은 사상가들이 모두 계열의 사유와 밀접한 관련을 가진다. 특히 푸코의 『지식의 고고학』(이정우 옮김, 민음사), 세르의 『라이프니츠의 체계』(*Le système de Leibniz*) 및 헤르메스 연작(이 중 4번째 권이 우리말로 번역되어 있다. 『헤르메스』[개정판], 이규현 옮김, 민음사, 2009), 톰의 모든 저작들(이 중 『카타스트로프의 과학과 철학』이 우리말로 번역되어 있다. 이정우 옮김, 솔, 1995), 그리고 들뢰즈의 『차이의 반복』(김상환 옮김, 민음사, 2004)과 『의미의 논리』(이정우 옮김, 한길사, 1999)를 참조하라.